U0493216

眉山金融论剑

陈平 著

中国友谊出版公司

图书在版编目（CIP）数据

眉山金融论剑 / 陈平著. -- 北京：中国友谊出版公司，2022.2
 ISBN 978-7-5057-5221-4

Ⅰ．①眉… Ⅱ．①陈… Ⅲ．①金融学－通俗读物 Ⅳ．① F830-49

中国版本图书馆 CIP 数据核字（2021）第 234409 号

书名	眉山金融论剑
作者	陈 平
出版	中国友谊出版公司
发行	中国友谊出版公司
经销	新华书店
印刷	北京世纪恒宇印刷有限公司
规格	800×1230毫米 32开 10印张 166千字
版次	2022年2月第1版
印次	2022年2月第1次印刷
书号	ISBN 978-7-5057-5221-4
定价	59.00元
地址	北京市朝阳区西坝河南里17号楼
邮编	100028
电话	（010）64678009

如发现图书质量问题，可联系调换。质量投诉电话：010-82069336

知彼知己,纵横天下。

从摸石头过河,到观全局航海。

专家推荐语

陈平是我尊重的学者、朋友和同事,其学问之广博、思维之缜密、见解之新颖,令我叹服。他是中国科技大学物理系的毕业生,在美国得克萨斯州大学师从诺贝尔奖获得者普里戈金,获得物理学博士学位。他热衷于研究中国经济和社会问题,以及经济学科的发展,敢于不时向国际顶级经济学大师挑战,切磋学问,是一位有家国情怀的知识分子。这本新著是他近几年对关系国家命脉的金融改革、开放发展等重大问题思考的结晶,思想深邃又通俗易懂,开卷一读,发人深思。

——林毅夫
北京大学新结构经济学研究院院长、国家发展研究院名誉院长中国崛起和西方走衰都是西方主流经济学者、金融学者未能预料到的事情，背后是西方的学问出了大问题。陈平教授以通俗犀利的语言，举重若轻，"论剑"金融，揭示了美国"皇帝没有新装"的事实及其理论危机。陈平教授的许多独到见解和思想火花，对于我们解放思想、冲破西方话语桎梏、挫败美国金融战、形成中国人自己的真学问，都很有启发。

——**张维为**

复旦大学中国研究院院长、国家高端智库理事会理事

陈平教授的长处之一，就是能够用西方经济学专业化的理论把中国经济发展的道路讲清楚，同时用中国经济发展的道路对照、反思、批评西方经济学理论。为了把中国道路、中国理论想明白、讲明白、干明白，我们需要陈平这样"有中国特色"的学者。

——**韩毓海**

北京大学习近平新时代中国特色社会主义思想研究院副院长、
中国科学社会主义学会副会长

陈平教授可谓中国当代经济学圈内一位"奇人"。第一奇在思维活跃又富有批判性；第二奇在跨领域研究经济、政治、军事、文化等问题，实属罕见；第三奇在以工科背景研究经济问题，跨自然与社会科学领域，在今天的中国可谓凤毛麟角。广阔的视角让他比其他经济学人看得更深、更远，给人以更多启发。

——王建

中国宏观经济学会研究员、国际大循环理论提出者

陈平教授以"论剑"为名的作品确实谈锋犀利！他不仅以复杂经济学为理论工具，解析金融全球化内生性危机频发的规律，而且用科学方法批判了经济神学计量模型的谬误。此书通俗易懂，且有振聋发聩之感！

——温铁军

西南大学中国乡村建设学院执行院长

陈平教授是演化经济学家，其"代谢增长理论"具有广泛的影响。陈平教授对金融问题的分析着眼于实际，不受西方主流视角的束缚，可以开阔读者的眼界，提高鉴别不同观点的能力。

——孟捷

复旦大学特聘教授

我以极高的兴趣阅读了这本《眉山金融论剑》。本书作者陈平是为数极少的受过实验物理和理论物理训练的前沿经济学家，也是如今极少有的写科普性著作的学者。本书最值得推荐的还不是它所处理的正是目前我们都极端关注的金融问题和战略问题，而是他处理这些问题的方法与视角，这恰恰是我们尤其缺乏却又特别需要的。我认识陈平的时候他刚从美国回到北大来教书，一转眼好多年过去了，而今天"眉山剑客陈平"虽已是网红学者，但他涉猎之广泛、分析之深刻、言辞之犀利，是非常罕见的。

——黄平

中国世界政治研究会会长、中国社科院原美国研究所和欧洲研究所所长、《读书》杂志原执行主编献给我家的三位女强主义者：宋国和、陈彧颖、陈彧葳。

自序

　　这本书是新形势下的一个科普试验。

　　通常，前沿科学的成果进入主流大学和中学的教科书要几十年。相对论、量子力学是 20 世纪前 30 年发展起来的，进入大学教科书的时间是 20 世纪 50 年代，进入大众科普大致是 70 年代以后。生物遗传学的发展进程更长。我们用前沿的复杂科学和非平衡态统计物理研究金融理论，还是最近三十多年的成果。主流经济学家的数学基础训练太落后，所以，世界上理解我们进展的科学家，不比当年理解爱因斯坦相对论的科学家多。但是，2008 年的金融危机，让我们看到错误的金融理论误导政府决策给世界带来的巨大风险。所以，我们不能走常规学院派科学循序渐进、等待历史机遇的老路，而是要学马克思和毛泽东的先例：我们的任务不只是解释世界，还要改造世界和拯救世界。美国总统特朗普打贸易战、金融战、科技战，颠覆"二战"后国际秩序，给中国和世界带来了巨大冲击，也给新科学颠覆旧主流带来前所未有的机遇。互联网的普及也冲破了象牙塔和大众媒体之间的桥梁。

我受的是实验物理和理论物理的训练。1981年起，我在美国得克萨斯大学奥斯汀校区普里戈金热力学与统计力学研究中心（1989—2003年改名为统计力学与复杂系统中心）研究经济和金融的复杂性，颠覆了西方计量经济学、新古典宏观经济学和金融学的理论基础，但是受到主流经济学的顽强抵制，直到2008年金融危机爆发前后，才开始受到欧美经济学新思维运动的注意，参与创建了世界经济学会（WEA）。最近我比平日忙碌，因为接受了英国一家出版社的邀请，主编还没有进入主流大学研究生课程，仍处在前沿研究阶段的《复杂经济学手册》，总结过去40年复杂经济学不同学派的竞争成果。历史上少有前沿科学家参与科普工作，因为大众的基础知识与科班出身的学者差距甚大。只是时不我待，我只能忙中抽空，尽我所能给经济学者和干部们普及前沿复杂经济学最基本的成果。对一些问题感兴趣的读者可以自学或互助，因为目前在网上或书本上能查找到的未见得是标准的答案。

因为叫"陈平"的实在太多,我便起了个自号叫"眉山剑客",这一名称的渊源要追溯至1968—1974年,我在成昆铁路眉山电务段当电工管理自动控制系统的经历。在那一时期,我对工业化经济进行了研究,发现和古典经济学鼻祖亚当·斯密"看不见的手"的乌托邦完全冲突。铁路是第一次工业革命的象征,一开始就是社会的系统工程,没有全线协作,铁路根本无法运行。自由讨价还价只能是手工作坊时代的工作方式,于工业体系内的各环节是不适用的。1973年年初,我读到普里戈金于1972年秋发表的革命性论文"演化的热力学",发现平衡态热力学和演化生物学之间的矛盾,必须用非平衡态热力学的视角理解生命起源。我立即认识到,用同样的方法可以理解劳动分工的起源,才能从新的角度理解李约瑟问题,即为什么现代科学和资本主义起源于西欧而非中国。问题的回答可以跳出传统的制度决定论、文化决定论,即启蒙运动和牛顿时代的单向进步观,研究达尔文、马克思和普里戈金的多元演化观,重新发现中国老庄哲学整体论和演化论的生命力。幸运的是,我在1981年说服了普里戈金,让我尝试这条从未有人探索过的新路,即跨越物理学与生物学、经济学的鸿沟。这在其他主流大学都是没有生存空间的基础研究。我的跨学科研究的路径不是中国传统的传道授业,从书本到书本，而是我在中国科技大学的恩师严济慈教我的捷径，就是加入西方文化的学术沙龙，从大师们的对话交锋中找问题，找思路。我的幸运是遇上变革的时代，也遇上中国和西方最爱护学生创意的老师——严济慈和普里戈金。如果我的工作能传播严济慈的风格和普里戈金的思想，也许能让国内的青年学子分享我的经验，激励他们敢于试错和创新。

本书主要收集了我在观视频工作室主办的视频讲座"眉山论剑"里有关金融问题的讨论，将其做了整理。在本书中，部分学术概念并未附上详尽解释，这是我逆编辑的考虑故意为之，只为激发有兴趣的读者自己去探索。尤其是地下经济、自给自足经济、制度工程，现在研究的人不多，将来就可能成为为读者开创的领域。现在我们有互联网，但大家不要以为任何知识都可以在网上查到，而是要对网上互相矛盾的信息拥有辨别能力，不能仅凭作者的地位头衔或者文献引用率来判断前沿研究水平的高低。因为历史上革命性的思想开始总是不被主流理解的，思维范式改变往往需要几十年的时间。20世纪最重要的科学理论，如物理学爱因斯坦的相对论、孟德尔遗传学的重新发现，都没有获得诺贝尔奖。盲目崇拜教科书或追捧名流，是单纯应试教育加上美国商业模式最坏的"成果"。大家也切莫以为任何问题都有标准答案，而要知道，许多标准答案都是满载着时代、文化和社会的烙印的。我们学会分析科学的测量方法，再引入复杂科学的综合方法，才能理解当代跨学科发展的科技革命和经济模式，才能驾驭潮流，而非随波逐流。

陈平
于上海嘉定，得州首府奥斯汀

前言

学"火箭科学",打金融攻坚战

金融是经济学里最复杂的领域,号称"火箭科学"。中国的金融学基本上还处于"教科书经济学"的状态,而且是美国 20 世纪 50—80 年代的教科书,所以中国金融基本上是跟着美国教科书的指挥棒在走。

如果拿金融交易使用的数学工具和投入的高科技资源来判断,金融确实可以称作"火箭科学"。美国华尔街雇用了大批数学家、物理学家、计算机工程师。五角大楼、情报部门等军方和对冲基金合作,金融危机之前就开始研究和模拟全方位的金融战和混合战。美国金融投机的武器库,包括了大数据、人工智能、复杂网络、仿生学等,而国内的财经媒体还天天在宣传投机的 K 线图谱,媒体新闻跟风西方媒体，为美国的金融大鳄抬轿子。中国的主流经济学家则对金融危机的来袭充耳不闻，还在做模仿美国"金融深化""要素自由流动"的美梦。国内经济学界使用的理论工具还是新古典经济学 20 世纪 30 年代提出的供求曲线这样的大刀长矛，连 40 年代凯恩斯经济学和 70 年代行为经济学这样的步枪和大炮都不会应用。如今疫情和萧条双重来袭，在美、欧、日大搞无限量化宽松、制造金融风暴的时刻，国内还有不少本本主义的经济学家鼓吹开放虚拟金融，无视美国金融危机接连不断的历史教训。凡此种种，虽然中国民族金融产业有所发展，但金融理论落后于世界经济学而不自知的程度，令人忧虑。所以，我们不得不以急就章的通俗方式普及复杂金融的基本成果，讨论当下金融理论和金融政策的重大问题。我们的目的不是纸上谈兵，而是帮助读者应对金融攻坚战。请大家要有举一反三，敢入虎穴的思想准备。

第一个问题，西方金融学的理论到底是科学还是炼金术？多次获得诺贝尔奖的新古典金融学的基础模型，到底有多大的科学成分和数据支持？这个问题不解决，讨论具体的政策问题都是空对空。

我把西方新自由主义经济学和它的理论基础新古典经济学称为"空想资本主义"，因为它们描写的市场近似于封建社会的小工场作坊，和工业化以后的铁路时代、核能时代风马牛不相及，和西方工业化、现代化的历史没有现实关系。

西方金融学是彻底的方法论的个人主义，它不承认组织、国家、战争等"看得见的手"对金融市场的严密干预。整个金融衍生品定价理论建立在单个布朗运动粒子随机游走模型的基础上。爱因斯坦首先研究的布朗运动，是研究大量粒子的随机热运动和流体黏滞力之间的平衡，来发现分子结构的存在。而这套金融理论抽象掉群体粒子的布朗运动为单个粒子，也就抽象掉了金融市场追涨杀跌的群体行为，否定了行为金融学研究的非理性投机的根源，也排除了金融市场内生不稳定和发生危机的可能性。

金融计量经济学幻想欧姆定律的回归分析可以用于比物理学还要复杂的金融学，完全无视电磁场、相对论和量子力学的发现，它们都是动态理论的构造，而非静态统计分析的结果。计量经济学认为市场由"看不见的手"起作用，只许用线性随机过程来描写经济活动，不承认金融市场存在典型的中期（几年）和长期（十年到几十年）波动周期，否则就是批判资本主义的革命理论，在美国主流经济学杂志和大学难以发表。这是典型的"经济神学"，把数学模型意识形态化[1]。早在 20 世纪 80 年代，计量经济学家、牛津大学经济新思维研究所的戴维·亨德瑞（David Hendry）就提出了一个著名的命题：计量经济学到底是科学还是炼金术？他的结论是炼金术[2]。我们后来用复杂科学的办法严格证明了这一结论[3]。所以如果国内还有人幻想要用炼金术的理论来指导金融改革，还相信可以用来做顶层设计，我认为对中国金融改革的方向来说非常危险。所以我们需要了解，金融学的理论到底发展到了什么阶段、有哪些严重的问题。

第二个问题，如何判断美国的金融产业？它究竟是强大、虚弱，还是在危机前夕？我相信对这些问题会有非常大的争议。很多崇拜美国金融的人坚定不移地相信，即使经历了多次金融危机，即使打输了贸易战，美国金融依然是全世界最强大的，是中国金融效法的对象。所以我们必须深入讨论，美国金融产业的效率是否是世界上最高的？这效率到底是金融市场由利益集团操纵的投机效率，还是从社会、国家出发的真实经济效率、社会效率和生态效率？对美国的金融实力我们到底应该怎么评估？

第三个问题，也是大家很关心的问题，中美金融的差距在哪儿？中国的金融市场到底有何优势、劣势？这部分问题的争论会更大，因为我的观点不仅有别于西方主流经济学的观点，也和中国现在主流经济学的观点不同。有人批评我是替中国辩护，我说你误解了。中国做得对的，我会从国际比较的客观角度加以肯定，用来作为发展中国家以及包括美国在内的发达国家改革学习的榜样，但中国有问题我绝不回避。科学家不是诡辩家，更不是为金主服务的律师，为问题辩护，等于讳疾忌医。科学家不掩盖问题，因为问题就是机遇，提出好的问题，就解决了问题的一半。中国现在存在很多问题，我以为部分是由于照抄西方模式水土不服造成的，部分是由于过去小农经济的经验传统造成的。但是，克服小农经济的问题不等于照抄美国模式，因为国情和发展阶段相差很大。如果不认清美国走过的弯路全盘照搬，中国必付昂贵的学费。

第四个问题，如果中美贸易战升级到金融战会是怎么个打法？会有什么样的前景？要回答这些问题比较困难一点，因为事情没有到来，我也不是算命先生，但是凭我知道的其他国家的历史经验，我可以探讨一些可能。我讲过，西方相信一元论，相信普世价值的优化模式，认为天下成功的模式只有一种，那就是英美模式。但是，学过政治经济学的读者就知道有阶级斗争理论，至少有两种不同的模式竞争对立——社会主义和资本主义、公有制和私有制。而要是我们研究复杂经济学，那看待世界上的问题就远比两种模式的竞争更为复杂，因为世界发展并不平衡，必然有多种选择的可能，比如英国的社会主义成分就不亚于德国、北欧模式，和美国差别更大。我认为多元文明的竞争演化很符合老子"道生一，一生二，二生三，三生万物"的思想。复杂科学创立之初的发现，就是到了"三"以后会生出更多样的可能。所以大家先有思想准备，即使吃个败仗、受点挫折也不要惊慌，因为中国人学习能力强，国家大，转战的余地也大，而且经验也不少，比美国抗击打的能力肯定大得多。

　　我以前之所以认为贸易战要避免小打，不怕中打和大打，原因就是看透了美国打贸易战没有胜算。但美国智库经济学家却认为打金融战有胜算，所以声东击西，要把中国逼向金融自由化的道路。中国有一批主张市场化、自由化、私有化的人，试图借贸易战倒逼中国走深化市场改革的路，这不是强化中国特色的社会主义经济，而是逼中国走向美国式的金融自由化，为投机资本跨国流动大开方便之门。我看到了这个危险，但也无力阻挡这个危险。不过最近我有了一个观点上的改变，那就是美国不存在哪个精英集团有完整遏制中国的战略。美国搞颜色革命的中央情报局，还有打贸易战这批智库的人，战术水平很高，但战略水平太低，下的棋自以为高明，其实互相矛盾。金融集团和军火工业集团的利益就互相矛盾。金融自由化架空美国经济的后果，超过与中国贸易战带来的损失。原本我看到的是打金融战的危险非常大，但现在我发现机遇来了。当然，中国胜败还要取决于战略，对此我是有信心的。

这本书取名为《眉山金融论剑》，有和读者进行非正式学术交流的对话之意，目的是试探大众读者对复杂科学在经济金融领域的认知能力，为将来的学术著作做准备。

如今世界各国科学院的英文名称都是 Academy，那是希腊哲学家柏拉图于公元前 387 年在雅典建的一个新型学园，用对话的方式探索新知识，成为后来亚里士多德、伽利略，以及普里戈金用对话方式发展新的科学范式的起点。中国历史上的书院和柏拉图的学园相比，多了论资排辈的传统，少了平等对话的氛围。我借观视频开拓的新媒体阵地来做试验，看能否在互联网上建设一个开放式学园，从经济问题开始，拓展到自然科学、社会科学、人文历史和艺术哲学。我年事已高，期待从建设性的对话中发现人才，大家共建新的跨学科学术园地，在试错中学习，从中国走向世界。我将以自己的经历，尽力给大家介绍世界上各个学科、各个流派的领军人物，读者和我一起发现总结中国的实践经验，将来请诸位读者分担各路掌门人，不是占山为王，而是笑迎各路英豪，共议天下学问，为中国人民造福，为世界人民解难。

为此，我要感谢我的研究助理邓林女士和磨铁出版公司的诸位编辑。读者若发现文字、数据、史实的错误或对基本概念有质疑，请写信至 meishanjianker@163.com。本人年事已高，精力有限，主业仍是复杂经济学的前沿研究，无力一一回复来信，还请读者原谅。我会尽力在今后的视频和互联网上回答大家关心的重大问题。

目录

01. 金融的本质

检验西方金融学的理论基础：
科学还是炼金术 _2
金融的本质：第三种游戏 _18
给资本主义补台的"诺贝尔扶贫奖" _25

02. 破解美国金融霸权之谜

索罗斯发现西方的衰落 _36

美国为什么要干赔本买卖 _46

皇帝的新衣 _57

03. 以史为鉴

"国企无效率"是个伪命题 _66

巫术经济学及其后果 _70

中东战争逼出的储蓄贷款危机 _76

拉丁美洲债务危机：繁荣的代价 _85

听话听音，锣鼓听声 _90

短视的1∶1兑换率空中撒钱 _96

04. 中国金融怎么改

中国金融发展的"三大战役"_106
上海如何能建成世界金融中心_123
以积极的财政金融政策应对结构转型风险_129
回避不了的三角债_141
水至清则无鱼_146
盘活房地产市场的一个思路_151
用金融的办法引导行业有序竞争_160

05. 高收入的假象和小康社会的潜能

经济学测量引发的争议_168
生活的改善一定源于高收入吗_172
高收入从哪里来_178
"国泰民安"还是"国强民富"_184
罗马尼亚的启示_191

06. 金融信息的扭曲和 GDP 测量的问题

经济学理论和实际脱节的
原因探讨 _201
为什么目前西方主导的 GDP 和
人均 GDP 远离国际竞争的现实 _212
各国学习现代化过程所付出的代价 _230

附. "代谢经济学"启蒙

认识市场 _238

人类活动的基本约束 _248

代谢经济学的定位 _258

代谢经济学的观察起点 _265

后记 后疫情时期金融世界大改组 _274

注释 _279

01.
金融的本质

检验西方金融学的理论基础：
科学还是炼金术

　　西方经济学理论，西方称其为"新古典理论"。这"古典"其实就是孔夫子讲的"正统"，原来被官方认可的正统理论现在有了修正，就取了个名字叫"新古典"。我认为这些说法都没有科学依据。严格来说，西方经济学理论是线性均衡理论。

　　何谓线性均衡理论？如果用几何来描写这种理论的运动轨迹，用到的是欧式几何。空间里的三个轴 x、y、z 互相垂直，这个空间既不是弯曲的，也不是变形的。它主张均衡，意味着其间的物体都不消耗能量。为什么呢？因为不消耗能量才有均衡，有均衡才有能量守恒，最后才趋同。

而且这个趋同不是趋同于优化，而是趋同于死亡，在物理学上叫"热寂"（Heat death of the universe）。所以经济学的理论实在是非常"有趣"的理论，它竟然是一个关于无生命世界的理论！其中的登峰造极之作，就是第一个获得诺贝尔经济学奖的计量经济学鼻祖拉格纳·弗里希（Ragnar Frisch）的噪声驱动理论（Noise-driven Cycle），正是这一理论被作为计量经济学和金融学的基础。弗里希认为，所有市场波动都是由噪声驱动的，而且这噪声什么频率都有，是一个白噪声（White noise）的理论。但如果使用复杂科学的方法，就非常容易检验经济运动到底是白噪声还是有色噪声（Color noise），或者根本不是噪声而是色混沌（Color chaos）。这个工作我们在20世纪80—90年代已经做了，在世界上领先，但现在只有物理学家承认，多数经济学人依然顽强抵抗。[1]

西方矛盾的理论远不止这一个，亚当·斯密的理论同样自相矛盾。"斯密定理"说分工受市场规模限制，但古典经济学和新古典经济学大肆宣传的则是斯密的"看不见的手"，这两种声音就相互矛盾。因为只要有规模限制，就必然有针对市场规模的竞争，就会出现国际分工的不均衡，市场就必定被"看得见的手"干预、操纵和控制，而"看不见的手"难以解决由市场规模带来的殖民战争、垄断和经济危机等问题。

金融学的理论框架则既和微观经济学矛盾，也和宏观经济学矛盾，矛盾在什么地方呢？看看经济学的数学形式就知道了。

微观经济学费了半天劲儿，证明市场均衡可以用供求曲线来表示，需求曲线向下倾斜，供给曲线向上倾斜，两条曲线只有一个交点。理想状态就是在这个点上达到市场均衡，偏离这个均衡点的可能性只是微扰或噪声扰动，在偏离程度不大时市场会自动趋于平衡。微观经济学告诉大家，市场均衡的标准就是竞争企业的均衡利润为零，大家钱都别多赚，如此自然不会有大资本家和贫富差距，因为均衡理论的本质就是差别不能持续存在，所以想在金融市场上持续赚钱是不可能的。但如果谁都赚不了钱，那还去金融市场上冒险干吗？所以，企图用微观经济学来理解金融，那就干脆别做了。

最著名的金融理论叫"有效市场理论"（Efficient Markets Hypothesis，简称EMH），说的是不存在可以持续赚钱的商业模式。市场信号就是白噪声，没有信息等于"完全信息"。金融学的信息概念和物理学、通信工程的概念完全相反。因为任何科学测量和通信都是要消除噪声、放大信号，只有计量经济学是反其道而行之。如果弄明白了这套理论，就知道它说的是，没有人能在金融市场上发现什么规律可以赚到钱，也就是说，像索罗斯这样的金融大鳄早就该消失了。然而乔治·索罗斯（George Soros）还在，沃伦·E. 巴菲特（Warren E. Buffett）还在，还有吉姆·罗杰斯（James Rogers Jr.）也在，他们对金融市场的观察和标准的金融理论相差十万八千里。值得一提的是，美国的各大投行也都不愿意招收学经济的人，他们宁愿找学物理、数学、计算机、国际政治或者历史的人来做金融。

老的宏观经济学的本质是模仿微观的供求理论，假设总需求和总供给的交点也只有一个状态，用来讨论宏观货币政策和财政政策对总体经济的影响。芝加哥大学的罗伯特·卢卡斯（Robert E. Lucas, Jr.）后来改进了一点，他想把微观经济学的概念搬过来，说是宏观经济学的微观基础，这一点同样被我们否定[2]。因为在微观层面，有数以千万计、数以亿计的工人，有数以百万计的企业，他们的变动互相对冲，根本不可能造成投资和宏观市场上那么大的波动。金融危机也好，创新也好，都发生在中观（金融和产业）层次，是中观层面的结构问题，并不是微观经济学研究家庭或中小企业的行为能够解释的，也不是传统宏观经济学的个体加总能解释的。我这里讲的是金融和产业结构，与新古典经济学的微观、宏观两层次框架相比，这是微观、中观、宏观三层次框架。我的朋友林毅夫讲的新结构经济学只讨论要素比例，还是在新古典的两层次和三要素框架之内。

* * *

金融学的基本假设认为金融市场处于均衡状态，所以能用古典的（线性的）随机过程高斯分布或者离高斯分布偏离不远的正态分布来解释，认为可以用静态的数理统计来解释金融市场的波动。这个均衡假设是不成立的。[3]为什么不成立？金融学教科书里讲的均衡，意味着得先有个标杆，第一个标杆就叫作"无风险利率"。大家知道，在金融市场赚的都是风险的钱，风险高高低低，那总得有个起点来衡量吧？起点就是零风险。那请问世界上买什么东西是零风险的呢？很多人认为买美国国债无风险，一打贸易战才知道手里的上万亿美元国债成了烫手山芋，非但不是零风险，而且政治风险极高。美国若要实行经济制裁，完全不用经济理由，用地缘政治甚至竞争的理由，就可以随时冻结你的资产，赖账不还。所以哪里有什么零风险，所谓的无风险利率就更无迹可寻了。

再者，金融计量的公式是如何导出来的呢？有两个基本假设：

第一个是无套利机会的市场均衡假设,认为金融市场上的投机套利活动只会稳定市场,不会放大震荡,才会使方差(用于测量风险),也就是变动风险降至最小。如此,相当于在金融学内部给金融投机正名,说它不但没有破坏性,反倒具有建设性。理由是金融市场的风险变量之间只有简单的线性相互作用,事先就否定了追涨杀跌群体行为的可能。资产定价模型和期权定价模型都是根据这么一个没有经验基础,只是数学上简单的无套利假设来构造的。如此简单的数学模型是否可行,要用数据和历史案例检验。不是说任何得了诺贝尔奖的理论就是无须检验的科学真理。历史上给错误理论发奖的教训,在经济学领域尤其严重。

第二个假设至关重要。为什么金融可以度量风险,可以给看不见摸不着的资产定价?它有一个假设,即资产的价格跟某些要素相关。事实上,这是一个没有实验基础的假设,因为没人说得清相关要素到底有多少个。最简单的金融模型可能有两三个要素,复杂的多到上百个,但这些都仅仅由做计量的人凭直觉去设。我问过美国一家大投资基金的研究所所长,他是普利高津最得意的门生之一,被认为是用计算机交易做得最成功的金融家,他的模型参量就高达上百个。但有个问题,如此多参量的方程怎么定呢?通常人们就假设价格和大量的参量之间的关系都是线性的,因为线性可以变成代数问题求解，而且解唯一。如果变成非线性问题，很多时候就没有解、解不唯一或者太过复杂，根本没办法判断这个模型跟现实有多大关系。也就是说，现在的金融学只承认用线性数学测量的风险，但根本没有办法对付非线性动力学和非均衡物理学讨论的不确定性。

* * *

金融学的错误，在诺贝尔经济学奖的获奖理论中表现得尤为集中。

所谓的有效市场理论，对资本主义的盲目信心是从哪里来的呢？都是芝加哥大学的经济学家米尔顿·弗里德曼（Milton Friedman）制造出来的神话。弗里德曼有几句话非常得人心，其实只要有非线性的概念，他的逻辑就不攻自破。比如"私有制比公有制优越"。这句话弗里德曼并没有写在论文里，但在讲演里却不断提及。理由就一条：花自己的钱肯定比花别人的钱更小心。大家粗粗一想，对啊，自己的钱赔了心疼，别人的钱随便花，所以产权私有一定优于公有。有道理吗？我说只有局部的道理。比如一个穷人，进城打工的农民或者赌上家当创业的企业家，他花钱真是非常谨慎。但如果钱是从天上掉下来的，从老爸那里传下来的，那他花钱还会谨慎吗？中国有句老话——"君子之泽，五世而斩"，现在很多"富二代""官二代"，"君子之泽"二代就斩了，因为老爸辛苦奋斗，老妈舍不得娃娃再去辛苦，就送去贵族学校，学会讲排场，奋斗精神全没了。所以，别以为有了私有产权，产权能够继承，家族财产就能保值，没这好事儿！所有的财富跟所有的生命、组织一样有生命周期，有生老病死，终有结束的一天，不可能存在万年常青的家族优势和私有财产优势。

很多人不明白金融的本质是什么，说金融能创造财富。有部美国电影叫《金钱太保》(*Other People's Money*)，说的就是金融的本质，是什么呢？就是绝不拿自己辛苦积攒的钱去冒险，而是拿别人储蓄的、委托投资的钱。总之，是拿别人的钱去赚钱。他们干的就是现在美国干的事，赚了大钱属于金融家，赔了钱就骂政府，让纳税人和被蒙的投资人买单。所以，在金融里讲私有制的优越性就不成立。在这点上，我可以理直气壮地跟西方经济学家讲，中国金融有一条优越性，就是中国的金融，尤其是中国的银行，是国有银行占主导，中国国有银行对老百姓存款所负的责任，远比美国的商业银行和投资银行要大。到目前为止，中国金融市场只发生过几次危机，但造成的损失远远赶不上美国的金融危机，也比不上日本的金融危机。

1953年，弗里德曼在他最有名的文章[4]里提出要开放汇率市场，这给后来的有效市场理论奠定了基础。20世纪70年代以前，各国都是固定汇率，很多国家不敢开放汇率市场。弗里德曼就编造了一个理论，说你们放心好了，汇率市场开放以后，不用政府干预，汇率市场会自动稳定的。如果弗里德曼这个理论成立，美国就没理由威胁中国，要把中国定为汇率操纵国，因为根本没人能操纵汇率。弗里德曼的理由很简单，也是线性思维的理由。他说假设市场上出现了一个怪才，如索罗斯或者罗杰斯这样的金融大鳄，如果这些怪才的策略赚了大钱，那一定会有人去模仿。结果呢？就跟中国企业群起模仿西方先进技术一样，立刻就会把利润摊薄，摊到最后利润率一定是零。所以弗里德曼的结论就认为，只要市场上存在投机模仿的机制，赢家就不可能持续存在，那些非均衡的炒家都会失败出局，只剩下理性交易者，最后市场当然会自动稳定。

这个理论显而易见是不成立的，不成立的理由有二。我的朋友约瑟夫·尤金·斯蒂格利茨（Joseph Eugene Stiglitz）曾经做过一份非常棒的工作，发现利润其实源于信息的不对称。如果信息对称，市场就没有交易了。这是第一条不成立的理由。反过来说，信息不透明和交易策略的复杂性，使模仿者无法完全模仿胜利者，而且市场机遇是变动的，弗里德曼是说刻舟可以求剑，他不知道舟的位置早就变了。索罗斯掌握的信息、盘子里的头寸怎么布局，其他人只能猜，事前甚至事后都是不可能完全知道的。所以，别以为金融市场和下棋一样，每一步大家都看得清楚，其实对方到底有多少资产、下多少注，你是一概不知的，更别以为能学得来，这也是索罗斯这样的人会存在的理由。第二条是物理学上的理由。我们证明金融市场的运动是非线性的，有混沌存在，所以不可能完全模仿。即使知道它的初始条件，知道它的方程，但误差会随时间放大而不是收敛。所以金融市场会持续非平衡，持续有炒家冲进去，也持续有炒家赚钱以及更多的炒家赔钱。认为金融市场可以保证全民致富、解决贫富差距和发展问题，我认为完全是空中楼阁。

但有一个事实是对的，亚当·斯密自己都承认财富即权势（Wealth is power）。美国金融之所以强大，并不是因为它的金融理论有多先进，而是美国军事强权和金融强权配合巧妙、极富默契。美国能打赢金融战，就向全世界转嫁经济危机；打输呢，就发动局部战争排除或消灭竞争对手，如此这般，美元霸权才能维持到现在，这一点经济学家也认识到了。所以，有人相信贸易战以后要实现"三无世界"——无壁垒、无补贴、无关税，实在太天真。这个"三无世界"要能实现，我说还得有另外三个"无"做基础——无国家、无军队、无战争。美国人率先解除核武装，承诺不首先使用核武器，离世界大同也就不远了，美国的金融霸权也会立刻烟消云散。所以，想要相信金融理论，相信新古典理论能实现金融自由和财富自由，我认为只有一条，就是手上同时握有军事强权、法律强权和话语强权，否则都是空头支票。这就是为什么金融财富永远属于极少数寡头，而非大众。

另一个理论的错误比较容易分析，也是得了诺贝尔经济学奖的金融理论，即哈里·M. 马科维茨（Harry M. Markowitz）提出来的定量测量风险的办法。这个理论认为，金融资产的价格波动符合均衡条件下的统计分布，也就是说存在着有意义的平均值，方差也有限。根据这个发展出来资产定价理论和一些测量基本面的方法，如阿尔法、贝塔系数等，现在在金融市场上被广泛运用[5]。其中最重要的，就是从马科维茨的证券组合理论中发展出来的分散风险理论。请注意，均衡理论只告诉你没有人能一直赚钱，以及如何避免全盘皆输。马科维茨的理论，在分散风险的部分是有道理的，就是别把鸡蛋放在一个篮子里。但是，如果一个新兴行业已经达到了成熟应用的阶段，却在这个时候认为风险太大，要去杠杆，就等于主动放弃制高点，把核心产业打歼灭战的兵力给废掉了，这是非常愚蠢的。如果美国也这么干，著名的贝尔实验室就不会产生了。

我们的研究没有全盘否定金融的资产定价理论，而是做了定量修正。我们发现金融市场远离正态分布，有几个属于复杂金融的新特点：

第一，统计分布是非线性和非稳态的。这使金融监管的系统风险大为复杂，超出现有《巴赛尔协议》的知识范围。我们把金融市场分成相对平静的线性区、准线性区（或者叫作相对的安静区）以及动荡区[6]，动荡区的非线性十分显著。第二，多峰分布使计量经济学的均值或中位数概念失去意义，金融市场的基本面难以测量。如果它的统计函数根本不是正态分布，连单峰分布都不见得是，而是双峰分布，发生金融危机的可能性极大。双峰分布什么意思？就是连均值都不存在，方差可能是无限大，讲基本面根本是开玩笑，就好比看好股市的牛派和看跌股市的熊派激烈对抗，没有对话的可能，没有中间派生存的空间。第三，我们观察到市场上存在比代表者模型的个人理性决策更复杂的情形，因为有群体效应[7]，也有新技术的带动效应，可能会有三个甚至更多峰的分布。第四，动荡不安的金融市场，高阶矩（3阶矩，5阶矩）会暴涨上千倍，使传统金融学测量风险用的方差指标失去意义，在这种情况下，现在金融市场的线性定价理论是不成立的[8]，再用资产组合来管理金融风险的办法失效。这是新古典金融学无法理解和应对金融危机的理论根源。

第三个理论，是为金融衍生品定价的基础——期权理论（Option Theory），它的数学模型是从物理学借来的扩散方程的简化版，把大量粒子的布朗运动简化为一个没有制衡的自由粒子，我们在2005年发现它有严重的问题[9]。期权理论的基础是假设股市价格的变动类似单粒子的几何布朗运动（Geometric Brownian Motion, GBM）理论，认为整个金融市场的波动完全无规则而且时间上没有记忆互不关联。市场参与者对市场走势的预期高度一致，所谓理性预期，就是市场信息的解读没有分歧，也就是市场内部没有做多和做空的对赌博弈。这样的金融市场有钱可赚吗？我们发现，随着时间的推移，这个布朗运动模型是爆炸的，也就是说，如果金融市场盲目信任期权理论的定价预测，金融市场就必然发生危机。我们做出这个预言早在2008年金融危机之前三年，相比那时候还有没做过金融基础理论研究的某些经济学家，他们在危机前几个月还盲目鼓吹金融自由化，宣传力度甚至超过了弗里德曼，在中国的影响大过任何诺贝尔经济学奖获得者，这让我非常惊奇。究其原因，在于中国金融学的扫盲水平太低。

更荒唐的，是2013年金融危机以后，诺贝尔奖还颁给了有效市场理论的发明人，芝加哥大学的尤金·法玛

（Eugene F. Fama），同时获奖的还有他的批评者，即耶鲁大学的罗伯特·席勒（Robert Shiller），他是行为金融学（Behavioral Finance）的创始人，他证明金融市场的波动幅度太大[10]是有效市场理论不能解释的。所以2013年诺贝尔奖颁奖完全是委员会在政治上搞平衡折中，同时给两个互相对立的理论发奖。虽然好歹给批评均衡理论的行为金融学开了一条路，与时俱进了一步，但又要保护已经被证明是错误的理论，这就是诺贝尔经济学委员会目前的水平。

* * *

金融理论最成功的分支是在个人理财的层面，这个理财的个人和其他人没有关系，处于原子状况。也就是说，当你想要分散风险又完全不知道怎么投资，那就干脆买指数基金，就是以股市指数来定价的一揽子股票，你的收益会打败多数的市场炒家，在这方面，金融理论是有效的。所以，如果外国投资者的目的只是为了分散风险，而不是投机和制造风险，那金融理论的定量操作办法还是可以用的。因为，虽然金融均衡理论的基本假设是错误的，但在接近均衡的平静区或者准线性区时，分散风险的资产组合理论可以近似地应用，但如果要拿来指导公司金融，甚至国家财政，就非常危险。比如美国的公司金融学（Corporate Finance），尤其是对做投资的人，以为现在的金融理论可以用于对未来的资产定价，其实根本没这能力。他们发展出来的各种理论实际上是在猜测，是金融炼金术，跟化学炼金术一样，做了很多实验，但它不是科学，只是实验过程中偶然产生了意想不到的结果。比如，中国人发明火药就是炼金术的成果，但最初的长生不老药就始终没炼成功过。所以，无论谁说金融资产可以保值增值、长生不老，那百分之百是在说炼金术。但如果说在金融市场看准了某个行业会在短期内发展，扑上去就能够赚钱，我不否认，你可以试。但是，短期投机成功的概率很低，而且难以进行定量的预测和管理，所以才需要长远投资的战略和远见。

金融理论最简单的应用是给国家财政做基础的分支，实际上属于公共财政，这类理论的数学基础相对来说最简单。国内做得最好的，我认为不是学金融出身的人，而是复旦大学中国研究院的史正富教授，他对传统的公共财政理论有完全不同的看法。他提出的双层架构理论[11]我认为非常有用，因为金融市场上的定价绝不是新古典经济学讲的完全竞争和均衡定价，而是寡头定价，是造势。这些寡头可以是金融寡头，可以是政府，也可以是投机寡头,还加上一大帮跟风炒作的吃瓜群众,心甘情愿抬轿子被宰,所以才会有行为金融学发现的金融市场的过度波动。这里面最大的问题,就是美国金融衍生品造成的巨大风险。金融危机前后,以斯蒂格利茨为代表的经济学家一直都在呼吁警告,但美国到现在都拒绝治理。以美国为主的金融虚拟市场,规模已经大到美国GDP的30～50倍,世界GDP的8～10倍,不但架空了美国经济,也连累了欧洲和日本。即使这样,以美国为样板的自由派还要讲美国金融可以优化资源分配、规避市场风险。我的劝告是,与其相信美国教科书,不如听听参与了美国实战的人的痛苦教训,其中就包括第13任美联储主席艾伦·格林斯潘(Alan Greenspan)在金融危机以后做的忏悔,他完全不能理解金融危机产生的原因。即便这样,危机以后还有人坚定地迈向悬崖。当然,你可以跳下去摸石头过河,但也要确定无疑地明白,这河究竟有多深。

我们做复杂科学,不是站在左派或右派的立场来讨论经济学的本质,而是用方法论来检验以金融理论为基础的西方金融学。我们的理论既不同于完全迷信西方经济学的人的理论,也和想要改革但是步子迈得不大的理论是有分歧的,但我们可以合作,一起推进经济学的新思维,理解经济发展的道路。

金融的本质：第三种游戏

在过去的三四十年里，美国制造了一个金融神话，金融似乎比实体经济重要，也比军火工业重要，单靠玩金融游戏就能称霸世界、优化全世界的资源配置、实现效率和公平。但很少有人知道，我们经常讲的一句话"空手套白狼"，其实才是金融的本质。我老引用一部电影的名字——《金钱太保》来解释，你别看美国的大投行来势汹汹好像很有钱，其实它们的钱都是客户的钱，它们扮演的角色，无非是说客或媒婆。

春秋战国时期，各方谋士纷纷投奔有权势的大贵族、大财主，更有门路的找到诸侯，说"我知道你想达到的目标，也知道你空有粮草、兵力不知如何调用，现在我这儿有个好主意愿意献给你"。如果谋士能说服大王，那大王手里的资源就归他调遣，谋士也就可以出将入相，身居高位。今天的金融家，比较了不起的比如索罗斯，他也想干这种事，那他就是说客。当然，他得先有点战绩或者学问，不然大王没理由信他。还有一种人，本事没那么大，他们干吗呢？就是给人牵线搭桥当媒婆。有的媒婆很聪明，找的人家门当户对；有的就坑蒙拐骗，指着从里面收佣金。现在金融市场上一大批所谓帮人理财的人，干的其实就是媒婆的买卖。

耶鲁大学陈志武教授有本书叫《金融的逻辑》，里面讲金融的本质是"跨越时间和空间的交易"。可惜的是，他没有说明未来的资产交易如何定价，也没说不同游戏规则下的交易结果是否稳定和合理。

更基本的问题是，逻辑的本质是一种符号语言，但不是科学，因为科学需要经验验证和理论自洽。中国的读者，如果有学术批判能力，就不难从陈志武的金融逻辑出发，发现西方新自由主义经济学的本质是空想资本主义，金融衍生品更是金融战的工具，而非共同富裕的市场。

举个例子，美国五角大楼全年的军事预算是7000亿美元，养活了庞大的海军和空军的战略部队。其中很大部分是人员开支，我相信剩下的装备要全部买下来，大概3000亿美元就够。中国现在手里有的是钱，单美国国债就有上万亿美元，中国现在用1万亿美元买美国的军火装备，美国肯卖吗？另外，美国在全世界还有很多军事基地，在太平洋、大西洋还有印度洋上有那么多岛，现在养不起了，美国肯卖吗？还有美国当年从俄国手里买来的阿拉斯加，从法国手里买来的路易斯安那，现在中国也有钱买，美国肯卖吗？除非美元游戏破产，要不然，美国必是不肯的。至于现在油价大跌，很多西方资本控制的石油公司和矿产公司经营不下去，中国想借机收购，西方让吗？现在的美国，你要是敢买它控制的战略资源，它唯一的回答就是发动战争，哪里有"跨越空间"的自由交易！

然后说金融交易"跨越时间"，请问跨越时间的交易如何定价呢？新古典金融学发明了一套线性定价的游戏规则，好像从现在的基本面，诸如利润率、市场占有率、增长率可以外推到未来。当然，定个价线性外推，算是能够算的，但算出来的结果和实际对不上啊。因为现实世界中人们的决策和反应一定是非线性的，而且一定不是单方面的决策，一定是看好和看衰、看涨和看跌两边的博弈。

传说波音公司濒临破产，美国花5000亿美元也未必救得下来，因为它的债务缺口至少有6000亿美元。更糟的是，如果失掉市场，新设计出来的波音飞机也卖不出去，那就只能等死。所以，所谓的高科技、高风险就有高利润，不过是经济学家编出来的神话。高科技确实高风险，但未必就有高利润。除非仗打赢获得霸权，那可以垄断定价得到一时的高利润，因为一旦有竞争者研发出新产品打破垄断，他就不得不把高利润投到下一轮研发上，现有的高利润就不可能维持。

真正能够在金融市场上赚钱的是决战较量的输赢，就是深化改革的《意见》[12]中讲的要集中资源定向流动，往争夺制高点、决战的战场上去运作。打赢了什么都有，打输了没有任何资产能够保值增值。因为财富实际上取决于竞争后的位势，处于优势地位可以控制定价权，那就有利润。如果打平，那就只能勉强维持微薄利润。所谓的"跨时间交易"，无非是对未来的赌博，是招揽赌徒的一张画饼、一个神话，赌徒想猜的就是未来博弈的结果。在这个意义上，赌博和打仗一样，都是在为结果不确定的未来拼命。那些神化市场的人正是掩盖了这个事实——市场即战场。当然，金融战场要比现实战场有更多制约，是不流血的战场，是一个 game。

"game"这个单词在英文里除了"游戏"，有时候也有"狩猎"的意思。西方人关于"game"最重要的一个发明就是奥运会。在真实的战场上，扔标枪或摔跤是为了夺取性命，而在运动场上，竞赛以后大家还可以做朋友再玩下一轮，这样就把真实战场上生死存亡的竞争变成了有制约的竞争，大大降低了西方国家之间战争的激烈程度。在中国，这种竞争的形式呈现为科举考试。试想要是没有科举制度，中国历史上多少英雄豪杰、多少谋士，如果个个都想称帝当王，那中国得打多少内战？科举考试开出条路让大家赋诗作词，胜出者可以光耀门楣、升官发财，引得聪明人蜂拥而至。哪怕概率只有千万分之一，但还是留有希望，不至于去造反闹革命。

人是社会动物，有合作的一面，也有竞争的一面，要减少流血冲突，对竞争有所制约，就要发明各种制度和游戏规则。奥运会、科举考试和赌博都是同样的道理，金融也一样。比起科举，金融更像战场，但金融战场上也是有"半个主考官"的。至于这"半个主考官"，"一战"前是英国，"二战"后一直是美国，现在新冠疫情来了，谁是考官还没有定论。原来美联储自以为可以判胜负，但大家现在都不再信服。下一轮金融游戏，到底会是一个主考官，半个主考官，还是像奥运会一样是一组裁判，取决于这一轮贸易战、金融战和生物战的结果。

现在世界各国都在抢利润，利润是什么？不过是记账时候的数字。大家仗不打了，官也不争了，说到底玩的只不过是第三种游戏——赌白条！还玩得津津有味，一门心思做金融，全不顾赚到手的美元只是一堆白条！以为美元可以保值的人，去算算20世纪70年代的美元黄金比价，现在大概贬值到只有原来的2%不到，如果美联储继续这么印钞票，将来美元还得贬。现在大家抢着去股票市场上市，买的股份同样也是白条。你得证明，白条背后的业绩——不是现在的业绩，而是未来的业绩——是可以相信的，那样白条才能值钱。当年打淮海战役，华东野战军就给农民打了白条。农民为了捍卫自己得到的土地，高高兴兴把家里的粮食、被子、门板都捐出来，用小车推了送去，支援解放军打赢国民党的现代化军队。据说这白条到七八十年代才还完。

所以，金融的实质绝不是什么可以靠产权体系建立的跨时空的交易，而是一个有信用约束的竞争的战场。战场里没有任何资产可以绝对保值增值，所谓资本的游戏玩的就是有限时空白条下注的金钱游戏。白条是否值钱，取决于手上攥着谁的白条，它在未来中长期的竞争当中能否获胜。你购买美国、欧洲，还是中国的资产，实质是在赌它们的国运。和平时期，许多人以为黄金可以保值。战争时期，许多国家会用法律把黄金收归国有，国民党曾在内战中就强迫用金圆券兑换黄金。城堡、豪宅，也因为失去现金流而大幅贬值，甚至成为负资产。所以，能够保值的是技术产业和劳工的竞争力。所谓资产只是竞争胜利者用来结算和定价的代码。虚拟世界离开物质世界只是权势的符号游戏。

给资本主义补台的"诺贝尔扶贫奖"

2019年的诺贝尔经济学奖颁给了主流经济学里研究发展经济学的经济学家。获奖的有三个人,一个是哈佛大学的迈克尔·克雷默(Michael Kremer),另外两个来自麻省理工学院——印度裔学者阿比吉特·班纳吉(Abhijit Banerjee)和数学家出身的法国女经济学家艾丝特·杜芙若(Esther Duflo),这两人后来结为了夫妇。

这次的诺贝尔奖实际上授予了同一个类型的工作,获奖者都是借鉴了医学界的随机控制实验,以此来研究扶贫的效果问题。这个办法在西医里很普遍,就是用对照组检查哪种治疗或者药物更有效,被他们借用到了经济学上。但诺贝尔奖委员会与往日有了很大的不同,他们与时俱进地承认了资本主义的问题——贫困，所以才把奖发给在扶贫研究里有贡献的经济学家，这个变化恰恰也是所谓的民主派们需要学习的。这说明社会大气氛有所改变，现在的西方主流经济学在社会压力之下，不再鼓吹完美市场，竭力给资本主义唱赞歌了。另外，西方社会不单单有贫困问题，男女不平等也是大问题。所以今年给艾丝特·杜芙若颁了奖，委员会就一直强调，她是第二个获得诺贝尔经济学奖的女经济学家，尽力摆脱诺贝尔奖只颁给白人男性的固有印象。

  诺贝尔奖委员会的两点进步当然都值得称道。很多人就产生了一个幻想，认为既然世界银行都承认中国扶贫在世界上最有成效，那诺贝尔奖委员会理所应当该授奖给中国的经济学家和扶贫办官员，就跟之前有人说中国的双轨制应该获诺贝尔奖一样。我告诉大家，根据诺贝尔经济学奖的评奖规则，没这个可能。因为如果对中国经济学家和中国对经济学的贡献发奖，就得动摇西方经济学的根本。

  这三位诺贝尔经济学奖得主做的工作，都是用随机控制的实验来对比不同的扶贫方法。但请注意，他们的扶贫对象是谁？

  要知道研究扶贫是很花钱的，他们都是在美国主流大学里做研究，所以必须得到捐款赞助。而用私人赞助来研究扶贫，都只是给资本主义补台，不是改革或革命。所以，他们的研究框架只能停留在新古典微观经济学的框架下。如果微观经济学讲的市场有效是正确的，那贫困就不应该存在。出现贫困了，他们的解决方法就是在方法论上小小地偏离新古典经济学的均衡假设。均衡假设否认社会存在组织，只承认原子状的孤立个人，不承认存在社会组织的经济活动是不平等交换。如果经济活动只是原子层面的个人交换和消费，一边有需求一边有供应，供求关系自动平衡，社会没有贫富分化，自然就稳定。现在发现贫困就是社会不稳定，偏离了平衡，那问题出在哪儿呢？如果保留微观经济学的假设，那会不会是购买偏好出了问题，从而导致结果不能自动产生均衡？普林斯顿大学上一次得过诺贝尔经济学奖的安格斯·迪顿（Angus Deaton）就着力研究穷人怎么消费。这几个经济学家实际上是顺着同样的思路在研究，都认为贫困是个微观经济学就能解决的问题。差别只在于，偏离均衡的时候，富裕的发达国家对发展中国家的援助是否恰到好处。所以，他们首先服务的对象是富国捐款的人或者外国政府，给提供外援的政府机构做政策设计。

　　西方主流经济学里有一个普遍的看法，认为发达国家对发展中国家的援助太多。理由是太多的援助经费给了发展中国家的独裁腐败政府，钱都到了贪官手里，因此主张削减援助。但这三个诺贝尔经济学奖得主对穷人还是有同情心的。阿比吉特·班纳吉就来自印度的少数民族，所以对孟买附近的贫困问题非常了解。艾丝特·杜芙若受了她的印度导师的影响，也花了很大力气研究印度和东非国家肯尼亚的贫困问题。迈克尔·克雷默则重点研究了医疗和农业问题。那么，对照实验的研究有没有成果？我认为有，但意义没那么大。

有人说扶贫研究改变了世界的扶贫现状，例子就是迈克尔·克雷默的研究。大家都承认医疗对扶贫很重要，因为在很多贫困地区，农民之所以陷入贫困就是因为疾病。于是有人主张采用医疗的办法，像印度实行免费医疗，用社会主义的办法对待农民。也有人发现，生病以后再治疗其实对穷人帮助不大，还不如重视预防问题，比如给穷人普遍注射疫苗，让他们尽量不得病，这个效果更好。迈克尔·克雷默的研究就发现，预防可能比治疗还重要。另外还有一个研究，大家都知道非洲很多地方闹饥荒，给贫困地区援助食物，到底给什么？传统的做法就是给粮食。有一项研究就说，粮食其实不重要，粮食里面的某些营养成分，比如说铁，或是某些矿物质，对健康的影响更大。这些研究应该说有效果，也有一定的参考价值。

但问题就来了，单靠这样的研究能改变世界扶贫的现状吗？我认为不可能。一个非常重要的原因是，西方微观经济学讲的个人选择就是消费和交换，生产和产权都没有真正讲，而且还回避国家政府的作用。所以你就会发现，麻省理工学院的扶贫实验室之所以能得到私人赞助，是因为他们的研究对象是印度和肯尼亚。为什么选印度和肯尼亚？原因非常简单。

第一，和中国不同，印度和肯尼亚都是没有进行过土地改革的国家。而我发现，贫困地区之所以贫困，最大的原因就是没有进行过彻底的土地改革。凡是进行过土地改革的国家或地区，包括曾经的亚洲四小龙和日本，贫富差距都远远小于从来没有进行过土地改革的国家，如印度、伊朗、伊拉克和肯尼亚。美国一位民主党总统竞选人曾经指出，南北战争后，北方将领违约，拒绝给解放了的黑奴曾经许诺过的每人40英亩土地（相当于16公顷）和一头驴，其实比给白人移民每户600英亩（相当于243公顷）土地少得多。北军从南方撤退后，南方白人农场主反攻倒算，分到土地的黑奴不到百分之几，这才导致了今天黑人的持续贫困。所以，新古典经济学空讲产权，空讲激励机制，空讲私有化的好处，但是不讲起点是要进行普遍的土地改革或者某种程度的均田地，想摆脱贫困是不可能的。

第二，印度和肯尼亚都是实行西方推荐的议会民主制。有议会民主制，就不可能有强有力的政府能彻底土改变革农村现状。所以他们测量的扶贫药方，全是在这些小政府，严格来说是弱政府的前提之下，得到有限的西方援助或政府补贴。那么效果如何呢？

一个印度裔的女经济学家曾经在北京大学中国经济研究中心和美国NBER（国家经济研究局）举行的对话会上讲过一个例子。NBER是美国经济学的精英营，年轻优秀的经济学家先加入成为NBER的合作研究员，然后佼佼者像艾丝特·杜芙若一样得克拉克奖，最后走向诺贝尔奖，这是美国主流经济学家的成名之路。我现在回忆，那次与会的应该是MIT（麻省理工学院）扶贫实验室里的一个博士后，一个印度裔的女经济学家，她讲的问题在这次诺贝尔奖成果里也有提到。印度想同时学资本主义优越性和社会主义优越性，所以它既学了英国也学了苏联，然而印度经济学家却认为印度的制度是最糟糕的组合。他们给了个例子：印度在基础教育上投资很大，到贫困地区教书的教师有政府提供的宿舍，而且轮换制度待遇也非常优厚。但他们报告了一个奇怪的结果，说印度教师的待遇远比中国好，但效率远比中国差，不少教师拿了工资不到岗，缺席率成了老大难问题。所以这批扶贫的学者就研究了各种各样的激励措施，怎么能够提高印度教师的出勤率。他们发现有个办法既省钱又有效，就是捐点小钱，鼓励师生拍照以后晒出来，一旦照片上了网，老师再缺勤就不好意思了。但是这样的改善，这样培养出来的学生，将来有竞争力吗？[13]

这个例子足以说明，用随机控制实验来改变扶贫的办法收效甚微。也就是说，微观经济学宣传的所谓"帕累托有效"的改革，只是在不触动大地主利益，也不触动大资本利益的情况下，在现有贫困的基础上做的小小微调。相关的还有一项研究也值得关注，就是得过诺贝尔和平奖的小额贷款银行，其实是互相担保。贷款给了做手工的妇女之后，发现女性比男性更负责，她们会做手工维持家用，而不会借了钱就花掉。研究者就去测量如何支持农村的企业家精神，到底外来贷款是给还是不给，给的方法是什么，激励要大到什么程度，等等。

我告诉大家，中国扶贫成效那么快，一个非常重要的原因，是中国政府的扶贫力度远远超过MIT扶贫实验室能给出的钱。就好像实验经济学做两个人分享奖品的公平实验。我给出一个激励机制，比如每次两个人分10美元。按照理性假说，你得1美元别人拿9美元的不平等，你应当接受，因为拒绝就双方都一无所有，你有1美元自然比没有美元要好。但是如果要分的是1万美元，你得1美元别人得9999美元的不平等，这样大的不平等，你能接受吗？这两种场景的选择能一样吗？当然是不一样的。所以，现在西方经济学做的实验经济学研究，不讲数量级的差别，不讲从根本上改变资源分配的财产制度，以为靠微观经济学的应用、微观激励机制的调节，小打小闹就能解决世界的扶贫问题，按我说，就是空想资本主义的修正版。这比完全相信"看不见的手"进步了一点，但这个进步只是在均衡假设前提下的微调，没法解决现实世界所有远离均衡的复杂问题。

随机控制实验是什么样的思路呢？要知道不少西方科学家信的是一神论和普世价值，认为科学发现的真理必须普遍适用，所以要在研究中去掉任何特殊性的因素，如不同国家、不同历史、不同文化、不同个性，这些都是次要问题，通通去掉。数学上呢，则预先假设一个国家或社区的人口处于均衡状态，人与人的差距不大，巨富和赤贫是极少数等，于是就可以采用随机抽样的办法，结果才有可能接近统计的正态分布，测量的均值和方差才有意义。如果是两头大中间小的双峰分布，统计分析就会误导决策。现在一天到晚宣传的人均GDP、基尼系数还有随机控制抽样，全都是假设贫富差距不大、满足均衡条件，然后就可以达到西方中产阶级占多数的所谓和谐社会。这就是"看不见的手"的空想资本主义社会，用经济学的语言就叫作"一般均衡"，背后假设经济增长的动力完全随机，当然不可能受政府干预，产业政策也就不会有效，所以才能证明自由市场的优越性。但是，假设经济的发展、股票市场的涨落源于随机运动和噪声驱动，就好像说单热源的热机可以做功一样，这是物理学早就否定了的，我把它叫作"单热源的永动机"[14]。所以整个计量经济学的均衡论基础是违背物理学和热力学原理的。正是这个均衡论的基础让他们确信，如果不加控制地随机抽样，所谓的特殊因素就会互相对冲掉，如此才设计出了随机控制实验。

然而，如果世界的发展不是原子状态，而是有组织的生命有机体，有一个因素是绝不会被对冲掉的，那就是生命周期。大家想想看，同样是扶持农民企业家，如果不区分其企业发展的阶段，无论对方是在初创期、起飞期还是成熟期，全都采取一样的政策，那随机控制的结果一定是否定对农村企业初创时期最关键的政府的投入或者银行信贷的作用，企业最后只能是在贫困线附近摆动，根本不可能像中国一样出现大规模的乡镇企业，也更不可能出现乡镇企业收购国有企业，甚至收购西方的跨国企业的现象。

02.
破解美国金融霸权之谜

索罗斯发现西方的衰落

我发现很多人搞不明白美国今天的经济情况到底是好还是不好，那么我来讲一个故事，有助于大家理解，当今美国究竟是在火山顶上危机重重，还是在制高点上可以对全世界指手画脚？故事的开头从我在纽约的一次讲演说起。

2010年2月，哥伦比亚大学诺贝尔经济学奖获得者埃德蒙德·菲尔普斯（Edmund Phelps）邀请我到哥大资本与社会中心去做一个讲演。讲演讨论的是经济学的基本问题：经济周期产生的原因究竟是什么？

芝加哥大学的罗伯特·卢卡斯（Robert E. Lucas, Jr.）认为根本没有大萧条，经济完全无须政府干预。所谓的大萧条，不过是无数工人决定给自己放个长假这一理性选择的结果，他把这个叫作"宏观的微观基础"。大家都知道，在宇宙尺度上，物理学的宏观理论是牛顿力学，但是在原子和分子的量级上，物理学的微观理论是量子力学，微观和宏观的理论基础是不一样的。而经济学呢，微观是供给、需求两条曲线加一个交点，达到平衡点市场就应该稳定；宏观则只需要把微观加起来，得出的宏观规律也同样是类似供给、需求的两条曲线，一个是货币，另一个是利率，叫作"IS-LM曲线"。所以，经济学就产生了一个怪现象，和物理学完全相反，就是微观理论和宏观理论没有差别。

经济学理论也违背生物遗传工程的思想。我把经济学理论比作麻袋里装土豆，市场好比口袋，土豆就是个人。个人既是消费者，又是生产者。生产者生产出产品，把产品卖给消费者，赚到钱又去买其他产品，自己也成为消费者。所以整群人是自己卖给自己，相互之间没有任何结构。生命是什么？大多数人只知道"薛定谔的猫"，不晓得薛定谔还是生物遗传工程思想的奠基人。薛定谔说，要理解生物既稳定又有变异可能的现象，就必须理解它的基础是有结构的大分子。大分子就是我们后来知道的DNA、RNA，它们有成百上千的编码去输出相应的遗传信息，而绝不可能像经济学想象的是单个粒子的随机运动。

我这篇文章[1]之所以能在 2002 年对外发表，有赖于一位同情普里戈金理论的主流经济学主编。他找了几拨人，审查了整整三年，才最终发表出来。发表出来以后没有任何人敢引用，也没有任何人敢批评和回应对错。我其实只说了一件很简单的事，比中医的阴阳五行还简单，就是宏观和微观之间还应该有个中层结构。任何医生都明白，人体内部应该有各种系统，如循环系统和消化系统，这些是中层的组织，不同系统的疾病针对各个系统去做诊断治疗，怎么可能一个感冒就去做基因测序呢？所以我说经济问题是和生物学问题相通的，并用简单的数学办法做了证明。一个系统，无论是生命系统还是经济系统，既要稳定，又要有适应环境变化的可能，那它的基层组织就不可能是松散的，中间必须有很多抱团成型的组织。[2]在经济学里，我们把这类组织识别出来，就是大公司、产业组织，以及今天的产业链，正是这些东西决定了宏观经济是稳定运行、震荡，还是会突然瓦解。

哥伦比亚大学资本与社会中心是哥伦比亚大学最高级的研究中心，它不属于经济学院，它直属校长。这个中心的成员包括多名诺贝尔经济学奖获得者、多名在哥伦比亚大学执教的前总统经济顾问，还包括多个学派的著名经济学家，其中也包括我多年的朋友斯蒂格利茨，他曾经做过克林顿的经济顾问，后来任世行首席经济学家。哈佛大学休克疗法的鼻祖杰弗里·萨克斯（Jeffrey Sachs）也在这个中心里，还包括演化经济学的创始人理查德·纳尔逊（Richard Nelson）。

那天讲演完，我自己都很惊奇，因为在座的经济学大佬纷纷表示，普里戈金讲的东西他们听不懂，但我讲的他们听懂了，所以，所长菲尔普斯晚宴后当即邀请我成为资本与社会中心第一位来自亚洲的外籍研究员。在我之前只有来自欧洲和拉美国家的外籍研究员。后来菲尔普斯对中国非常感兴趣，经常在福建、北京多地的大学交流，也逐渐增加了其他的亚洲学者。

索罗斯知道我到了纽约，觉得机会难得，所以在见了菲尔普斯的第二天，我就和他见了面。我们上次见面还是多年前在他家，讨论经济学到底是均衡还是非均衡。在那之前，我跟索罗斯没有任何来往。这次见面是在他的量子基金总部。他和我开门见山，主题就是现在西方的衰落，他希望我能说服中国承担世界的责任。当时我就乐了，我说全世界会承认西方衰落的人大概只有我们两个，其他人都认为美国强大着呢，中国哪有什么能力和美国分担责任？我要真这么说回去，大家都会认为中国人好不容易赚来钱了，美国人又琢磨着要赚回去，还想我们替他们打杂。

所以，中国一直坚持自己是发展中国家，拒绝承认自己是超级大国，其实就是没有称霸世界的野心。

索罗斯在2010年的想法和2008年金融危机时请求中国政府购买美国国债、帮美国度过危机的美国小布什的前财政部部长亨利·鲍尔森（Henry Paulson）的想法一样，奥巴马的前副国务卿、当时的世界银行行长、邀请林毅夫出任世界银行首席经济学家的罗伯特·B.佐利克（Robert B.Zoellick）的想法也是如此：如果美国衰落，中美两国能否共同分担稳定世界的责任？拿佐利克的话来说，叫两国集团（G2）。在这点上，特朗普的看法有所不同，他承认美国衰落，但不甘心像大英帝国一样承认自己沦落到二流国家，沦落到三强之一，更不愿意和中国分担稳定世界的责任，而要最后一搏跟中国打一架，把中国这么一个可能是"坐二望一"的战略竞争对手给打下去，最好像打垮苏联一样打趴下。当年苏联解体只不过把大块土地瓦解出去了，但俄罗斯本身还奇大无比，美国依然坐卧不安。中国的疆域不及俄罗斯，但人口和实力都超过俄罗斯。如果能把中国打得像苏联一样瓦解成几块，那当然是解除了西方的心头大患。

其实在我看来，美国如果要跟中国均分天下势力范围，就像当年罗斯福想和斯大林平分天下，《雅尔塔协定》就是他俩的共谋，要瓜分英法两个殖民大国的遗产。法国当时没有谈判资格，因为戴高乐流亡在英国，构不成独立的军事力量。丘吉尔心里非常明白，自己的实力不够，会成为美苏瓜分的对象，所以就制造了"铁幕"（Iron Curtain）理论，把球踢给了杜鲁门。本来是美苏合作瓜分大英帝国的势力范围，结果杜鲁门上了当，去接了大英帝国留下的烂摊子，才有了冷战时代胶着的局面。

苏联解体以前，西方所有的精英，包括提出文明冲突的、美国最有影响的政治学家萨缪尔·菲利普斯·亨廷顿（Samuel Phillips Huntington）都认为，苏联的体制远比法国的稳定，所以美苏要和平共处。美苏自己不敢直接发生冲突，就让下面的代理人打仗。但是戈尔巴乔夫不懂国际政治，在他实施所谓公开化的改革、放弃社会主义的价值观念和政治体制，自废武功以后，西方高调宣称冷战是苏联输了、美国赢了，资本主义战胜了社会主义。但从历史发展来看，美国精英集团对冷战的估计都错了，美苏冷战双方都输了，苏联输了政治，而美国输了经济。不打冷战，德国、日本不可能复兴，中国也难以如此快地崛起。

现在，中国经济发展迅速，股票市场规模已经超过日本，和欧洲有一比，几乎仅次于美国，但是中国在股票市场上没有话语权。美国的股票市场想涨就涨、想跌就跌，涨了可以网罗全世界的资本和人才，跌了就把美国的债务和投资高科技的泡沫包袱全甩给发展中国家甚至盟友。国内的网民也好，各大投行也好，影子基金也好，全都跟风交易，一天到晚被美国剪羊毛。

对这件事，林毅夫老师也有警觉，他敢站出来替中国政府辩护，说赶超美国必须有产业政策。另一位就是我很钦佩的经济学家余永定，在大部分人都相信西方主流经济学或者科斯的新制度经济学的环境下，只有余永定敢站出来批评盲目崇美的人，其他大多数人都是跟着美国主流派走。没有读懂马克思的经济学家有一个简单的解释，说美国军事强大、科技强大，当然可以主导股票市场。而德国和日本的经济学家并不认同这点，因为里面有两件怪事。

第一件怪事，事实上，除去军工产品，在其他重工业产品或者高科技产品领域，美国和欧洲、日本，甚至在某些行业和韩国的技术水平都差不多，然而怪就怪在，美国对德国、日本、韩国持续贸易逆差，更荒唐的是，美国对多数国家不仅从20世纪70年代开始持续贸易逆差，而且从80年代中期开始金融账户也是持续逆差，美国整体经济资不抵债，金融地位成为特朗普宣布的"美国是发展中国家"，负债额超过美国全年的GDP。如果不是不断发动战争，威胁债主不敢讨债，美国早该宣布破产清算了。如果相信资本主义制度的优越性，相信有效市场，相信金融能够有效配置资源，这个事实该如何解释？[3]有人认为美国科技研发的实力强大，所以美国的科技企业应该领先。但他不敢回答一个问题：如果美国的科研投资比德国和日本的都多，那为什么在高科技制造业上，除了少数领域（比如芯片和飞机制造）可以跟欧洲平分秋色，其他地方全输给了欧洲、日本和韩国？

还有一件怪事，同样类型的公司，德国和日本的公司高管拿到的报酬要比美国公司的高管拿到的低得多，但是企业竞争力大于美国，这又是为什么？很多经济学家只会高谈理论，不知道运作机制。美国企业在美元升值高峰时期，被迫把制造业大量移到日本、东南亚，再从东南亚移到中国，这就是原因。工程师出身的经济学家一听就懂为什么。单单讲盖一幢大楼是空话，大楼怎么设计，地基要打多深，钢筋混凝土承载能力要多大，大楼需要抗击多少级的飓风或地震……这些问题都是运作机制的细节，西方主流经济学没有回答这些问题，他们认为有效市场不需要答案。

关于后一个问题，为什么美国公司高管的收入高于德日？我的回答非常简单：美国大公司为了追求股东的利润，会给高管一个大的期权红包，如果他在任内使股票市值大涨甚至翻番，退休时拿的期权红包就会比当几十年总裁赚的工资还多。这就促使美国高管追求短期利润,赚了钱以后,不储备实力以应付意外,而是要去过剩产能;不投资研发和德国、日本竞争,也不投资营销,而是盲目自大,在全世界的不同市场照搬美国的商业模式,甚至消费习惯。比如通用汽车公司,在国外市场照卖自己生产的耗油巨大的汽车,认为只要控制了中东油价,烧汽油就跟烧自来水一样。美国当时奉为神明的杰克·韦尔奇(Jack Welch)带头不重视核心产业,拆分出售实体企业去办金融公司,搞汽车销售贷款赚的钱比造汽车赚得还多。美国的工程师和汽车厂工人都自以为美国第一,可以稳拿高薪、稳拿高福利,根本不看世界市场的变化和各国不同的需要。石油危机一来,美国国外市场都丢了不算,连国内市场也完了,因为日本和韩国省油的小车打入美国市场,让三大汽车公司节节败退。

如今,疫情造成美国社会瘫痪,美国甩锅中国,怪中国使美国沦为第三世界国家,和巴西、俄罗斯一样只卖农产品、石油,工业产品的竞争能力全让给了日本、德国、韩国,现在还让给了中国。而问题的实质,美国就业流失和制造业外移,恰恰是因为美国的核心企业没有长远的战略眼光。加之现在的核心股东已不再是当年的创始家族,而是退休基金会和养老基金会。这些基金会为了发高福利,大概有一半的钱放在股票市场，另一半放在债券市场，无论市场怎么波动两边都稳拿，这就是备受吹捧的分散金融风险。但是他们忘了一件事——国际竞争。美国在开放竞争中追求股东的短期利益自废武功，这才导致了今天美国产业的衰败。

美国为什么要干赔本买卖

第二次世界大战后，美国虽然国力强大，但明白了"一战"结束时凯恩斯在巴黎和会上提出的警告，战胜国要振兴经济，不仅不能像第一次世界大战的战胜国那样向战败国索要赔款，反而要去援助战败国，否则会逼战败国发动新的世界大战。于是美国"二战"后搞"马歇尔计划"，当然还有国内经济原因——要消化美国"二战"中的过剩产能。如果它要搞第一次世界大战前后的均衡策略，去过剩产能、避免中等收入陷阱，那结果一定是再一次的大萧条，因为退伍转业回来的军人都失业了，工厂开足马力生产的设备卖给谁呢？所以说两次世界大战改变了战争的规律，殖民主义时期战胜国可以向战败国索要赔款。在帝国主义导致世界经济瘫痪的新阶段，战胜国必须去援助战败国来避免自己发生经济危机。我们可以说，第二次世界大战也改变了资本主义从殖民主义发展到帝国主义再到现在称为霸权主义的经济规律，当霸主变成了一个赔钱的买卖。

那问题来了，如果是赔钱的买卖，那美国为什么要在全世界建那么多军事基地？中国志愿军于1959年就从朝鲜撤军，美军为什么直到现在还一直驻扎在韩国？第二次世界大战结束了半个多世纪，美国为什么依然驻军德国和日本，使这两个工业强国持续贸易顺差，大发美国财？

第一个明白这件事的人，是波士顿大学一位专门研究美国财政的著名经济学家劳伦斯·考特里克夫（Laurence Kotlikoff）。1999年5月，美军轰炸中国驻南斯拉夫大使馆那段时间，考特里克夫正在访问北京大学。他和我聊天的时候讨论了一个问题：美军袭击南斯拉夫大使馆是不是误炸？考特里克夫是美国顶尖的经济学家，绝对相信美国的官方说法，说肯定是误炸。我用一个逻辑就把他给问住了。我说美国的卫星系统可以精确分辨地面的目标，美军的精确打击能力其他国家都不能与其相比，轰炸中国驻南斯拉夫大使馆这么严重的事件，不是一个下级指挥官有权力决定的，如果是，克林顿可以非常容易卸责，立刻找一个下令误炸中国驻南斯拉夫大使馆的替罪羊,然后撤职问责。克林顿那个时候已经举步维艰了,如果下令撤职,不就给自己卸责了吗?然而他并没有。所以我的推论是,命令可能是克林顿自己下的,而不是情报错误。考特里克夫一听我的回答实在有道理,对我非常赞赏,就告诉了我一个美国经济学家从不肯对外透露的秘密,就是以美国现在的财政状况,任何国家摊上早就会出现财政危机、破产,这金融游戏是根本玩不下去的。所以我早在中国加入WTO以前就知道美国金融的虚弱本质,而且是美国最权威的财政专家之一考特里克夫亲口告诉我的。他当时的理由,就是现在民主党主张搞颜色革命的理由,就是美国的社会保障医疗系统的缺口太大,他还没有提军备竞赛,因为军备竞赛造成的财政赤字只有社保医疗系统的一半,但美国还在维持。所以我们就该明白,克林顿之所以让中国加入WTO,并不是出于市场派、亲美派想象的美国的善意,也并不只是要扩大自由贸易,或者企图用和平手段来演变中国,而是想借着打开中国市场的机会狠狠发一笔财。开放竞争是美国多数政要都想玩的一个游戏。那么在开放竞争的情况下,到底谁胜谁负?客观现实是开放竞争有很大的不确定性,有多种可能。

美国现在一天到晚讲别人威胁他,在世界上到处打仗,不仅在日本和韩国驻军,还给乌克兰政府军事援助以制衡俄罗斯,打的旗号都是保护世界和平,以免威胁美国安全。很多人不明白,这打仗干的都是赔钱的买卖为什么还要继续?但我和一些经济学家全明白,这就和当年大英帝国要靠海军竞赛维持英镑和黄金挂钩的世界地位一样,美国也需要靠军备竞赛来维持美元霸权。

当美国在经济上相对德国、日本或者中国甚至产油国家缺乏竞争力时,贸易赤字逆差,美元一定会贬值。一旦美元贬值,全世界谁还买美国国债呢?所以,为了控制美元汇率,贬值的时候赖债,升值的时候发新债,美国必须维持一个战争机器打击美元竞争对手的经济,指哪儿打哪儿,如此才能维持美元在全世界的霸权。没有明白这件事,就不会懂金融和地缘政治的密切关系。金融是维持地缘政治霸权的工具,世界上若只有公平交易就不可能有富国,西方国家也不可能有那么高的福利能够收买工人阶级。

现在的发达国家之所以能够维持高于发展中国家的福利,在于他们把竞争对手都逼成了依赖经济,使其困在中等收入陷阱里爬不出来,原因是他必须有军事和金融的强权,这个游戏一旦玩不转,高收入就成为困境了。我们可以看到,中国经济规模一壮大,物美价廉的产品一到本地市场,欧美和日本的垄断产品会纷纷垮台。西方国家的工会要给工人 8 小时工作制,包括伯尼·桑德斯(Bernie Sanders)这样的资本主义制度下的社会主义者,他们想要给工人提高最低工资、延长假期和提供丰厚的社会保障……所有这些单边的福利游戏,只要新的模式加入竞争,全都玩不下去。

所以美国大选,无论是民主党还是共和党,都要把美国国内贫富分化的责任甩给中国。他们就不承认,国内贫富分化恰恰是所谓的"茶党"(Tea Party)导致的,共和党的寡头要给富人减税、给高科技公司的高管发高薪和期权红包,这套制度在美国国内是解决不了就业问题,也维持不了社会福利的。美国不服气,于是发明了两个说法:第一个说法是打贸易战是中国"凌辱"美国,不承认制造业是美国自己往外送出去的;第二个说法是中国盗窃了美国的知识产权,不承认美国科技研发虽然领先,但因为国内基建市场停滞,在生产上投资不足,这才让中国占了市场[4]。

很多人想不明白,怎么可能后来者能打败先进者?事实上很简单,后来人学会先进者的核心思想以后,放大、改进非常容易。竞争的核心不是谁先发现,而是在实现产能的过程中,谁能先扩大生产规模、降低平均成本。市场份额竞争是规模报酬递增的过程,也就是新陈代谢的过程,是落后打败先进的过程。资本主义和社会主义的竞争,是新陈代谢过程，不是优化过程。这点新古典经济学的一般均衡理论不能理解。异端经济学的奥地利学派，如弗里德里希·奥古斯特·冯·哈耶克（Friedrich August von Hayek）也不能接受，他坚信资本主义会赢。但创新理论鼻祖约瑟夫·阿洛伊斯·熊彼特（Joseph Alois Schumpeter）早就从经济演化的视角预料到了。对这样一个创新的竞争过程，熊彼特认为新旧技术的竞争会使得资本主义走向社会主义，因为企业家跟科学家做的都是开拓性的工作，是不赚钱的，赚钱的是那批做营销、做高管的。所以越是创业的人、越是创新的人，就越有使命感，在行为上越走向社会主义的结果。

我注意到四十年来美国商务部国际收支平衡的数据，明白无误地披露了美国金融面临破产的真相。美国金融的强大是美国媒体制造的谎言。美国实行"马歇尔计划"的时候，贸易是顺差，金融账户也是顺差。但朝鲜战争和越南战争一开打，就把国内的民用市场让给了德国和日本。20世纪70年代美国开始出现贸易逆差。1971年美元和黄金脱钩，证明美国的双顺差局面出现了动摇。但是美国金融账户的逆差是从何时开始的呢？刚读到数据时我都不太敢相信，原来从1985年就开始了，至今，美国金融账户已经三十多年持续逆差。这个数据打破了金融界的一个迷信。

这个迷信的破解也跟斯蒂格利茨的洞察有关。斯蒂格利茨是一位微观经济学家，他有心怀天下的人文胸怀。他发现了一个奇怪的现象：美国资本密集，发展中国家资本稀缺，如果按照新古典经济理论，资本应该从发达国家流向发展中国家，但事实似乎相反。诸如马来西亚等发展中国家，为了避免亚洲金融危机再现，积累了大量美元做外汇储备，实际上就是买利息很低的美国国债，贷款给美国政府，给美国输血。美国拿了钱以后搞金融游戏，去控制日本以及亚洲四小龙蓝筹股的股票，获得比国债利息高得多的回报。所以世界净资本的流向，不是从资本密集的发达国家流向资本稀缺的发展中国家，而是倒转从发展中国家，或者从比美国军事强权弱一点但技术发展水平差不多的德国、日本，包括沙特，流向美国。所以大家都认为美国很牛，觉得它赚了大钱。

考特里克夫没有告诉我的还有一点，就是美国的军备竞赛也是大亏的。我曾经在美国权威的《外交》（*Foreign Affairs*）杂志上看过一篇文章，讨论美国是否要对中国封锁高科技。那篇文章讲得非常清楚，美国的军备竞赛是靠从中国赚的钱在养活。因为研发新的飞机和导弹费用极其高昂，单靠五角大楼的订单根本养不起波音这样的高科技企业，也养不起美国星球大战搞芯片、雷达和GPS的企业。美国实际上是先从中国市场上赚到钱，分一部分出来养活美国的军工企业，做下一轮的科研，发明新的武器，然后打新的金融战争，使这个循环能够维持下去。如果美国要对中国封锁高科技，实际上是切断了美国投资中国、获得高额回报的循环，那样的话，这个游戏美国是玩不下去的。

当时看这篇文章，我就明白了一个道理。当年极力游说克林顿政府让中国加入WTO，不要每年去审查中国最惠国待遇的，恰恰是美国的军火工业集团，就是波音、摩托罗拉和英特尔这些公司，他们明白中国是一个巨大的市场。同时，美国政府也防范中国产业升级。例如，当年强迫波音公司和麦克唐纳－道格拉斯公司（McDonnell-Douglas Corporation）合并，禁止麦克唐纳－道格拉斯公司和中国合作生产飞机，掐断中国航空工业升级的可能，同时保证美国波音公司在中国大赚中国经济起飞的大钱。所以，我曾当着奥巴马政府贸易代表的面说，美国指责中国强迫技术转移是完全说反了。中国让美国在中国搞合资企业，其实才是吃了大亏。日本和韩国都不放美国公司进门，所以才能保证他们的汽车和半导体行业可以在国际市场上和美国竞争。很多人误以为和美国合资能拿市场换技术，实际上是丢了市场只换来中等技术，换不来核心技术，而且扼杀了国有企业和民族企业在核心产业上和美国竞争的可能性。

中国的一些汽车企业和德国、日本合资，维持高价，坐收高额利润，稳赚消费者的钱，哪有积极性再去研发新产品和美国竞争？反而是吉利和奇瑞这些后起之秀，在主流市场没有生存空间的情况下，先去占领非洲市场以养活国内的研发，结果出乎意外地打破了外国公司在中国汽车市场的垄断，价格降下来后汽车才普及到中国的城市和农村。然而，纵使今天中国汽车市场的规模世界第一大，但核心技术依然不在中国手里。

中国本来早就有可能占领芯片的核心市场，但是先前大批采购西方芯片，实际上是扼杀了中国企业独立自主的可能。很多人不懂我讲的市场份额竞争的策略，以为只要保护了知识产权，有激励机制再加上点补贴，就能够发展核心产业，这是不可能的。唯一的例外，就是华为。在核心的高科技市场上，美国和欧洲是原创国家，但是输给了借规模竞争胜出的中国企业，美欧不承认是自己的社会福利制度造成了竞争力的丧失，反而怪罪中国不是市场经济，我要证明它们错了。美国、欧洲和日本，如果在越来越多的产业里竞争不过中国企业，那恰恰是因为中国经济才是竞争力最强的混合经济，而西方福利社会早已不是市场经济了。它们已经分化，一端是以美国为主的少数寡头经济，另一端是欧盟。它们跟保护知识专利一样保护各种品牌，维持垄断地位带来的定价权和高额利润。美国和欧洲的经济早已不是自由竞争的市场经济,而是高度垄断的寡头经济,碰到中国这样的对手,就会走到难以维持的地步。因为收入下降的西方消费者,买不起西方自己价高不实惠的民生产品。

我认为中国能和美国、欧洲、日本竞争,关键在于近四十年建立起了世界上最开放竞争的混合经济,国营的、集体的、私营的、跨国的,多种成分经济同台竞争,但游戏规则和西方不尽相同。这个游戏规则很重要的一点,就是我讲的社会主义的信用制度和政策导向。银行贷款给谁?老百姓集资投给谁?这个判断标准不像西方那样,看谁资产多、好抵押,给谁的利率就低,谁拿钱就容易,而是看谁有奋斗精神、谁有雄心、谁领导的企业进入新兴市场后有更大的成长空间,那风险投资就往谁那里倾斜,银行贷款就支持谁的客户、谁的企业。所以中国的金融企业也是各种成分都有,实际竞争能力超过了美国和欧洲的金融产业,只是少有人能说出道理来。主流经济学家讲不清楚金融市场,政治经济学家也搞不懂金融市场怎么运作,只是贴了个标签说美国科技强大、军事强大,当然股票市场要比中国的先进。然而都不能回答一件事情:为什么西方的利息那么低,还不愿意借钱给发达国家和发展中国家的实体搞投资呢？现在欧洲国家的央行，如瑞典、德国都已经变成负利率了，美国是零利率了，意味着投资前景非常不好，福利社会在动摇。因为养老基金会全指着分红来发养老金，如果利息是零，债券价格也猛跌的话，福利社会如何维持呢？但是中国和发达国家相反，经济成长率比发达国家高得多，导致借债利率也要高得多。所以现在是信用评级发展越快的国家，反而信用评级越低。整个金融市场如果按照西方的游戏规则做下去，完全是逆向淘汰的局面，这个游戏就快玩不下去了。

皇帝的新衣

　　美国到底是富国还是穷国？有个说法，讲美国人均GDP比中国高得多，所以当然是富国。那么我要指出来，人均GDP的定义和测量都是有问题的。我们讲富还是不富，算的是资产；讲贸易顺差还是逆差，看的是国际竞争力，这是两码事。资产可以累积，而国际收支有进有出，是流量。美国对中国、欧洲和日本持续贸易逆差，说明美国已经输掉了制造业的竞争力，只能像第三世界国家一样靠服务业来赚钱。于是很多人又产生了一个误解，认为美国高端服务业赚的钱可以弥补美国制造业的逆差，我告诉大家：错！美国高端服务业赚的钱还不到贸易逆差的三分之一，所以美国的经常账户（Current Account）是持续的逆差。而这个逆差，就是世界各国外汇储备的来源。世界各国手里拿的那么多美元外汇储备，无非是美联储打的白条，根本没有物质资产做支撑。

很多人完全没看美国数据，就被西方舆论给忽悠了，以为美国发达的高端服务业——金融和医疗——可以弥补放弃制造业的代价。还有人鼓吹积累外汇顺差不是本事，中国也应该学美国拉动消费，要敢花钱、敢有贸易赤字，这样我们就能变为富国。这不是在做白日梦吗？要在小康社会都还没站稳的刘姥姥去拉动消费？不投资孩子的教育，不投资引进新技术，就要跟贾府的不肖子孙去比赛消费，怎么可能从中等收入的陷阱中跳出来？这是一个温州农民都明白的道理，然而被西方金融学忽悠的老百姓不明白，被美国经济学洗脑的经济学家不明白[5]，曾经军工比中国更发达的乌克兰精英同样不明白。苏联解体的时候，乌克兰有上千颗核弹头，比法国、英国、中国的都多。如果当时乌克兰精英保持了自己独立的核武装，那今天的乌克兰会是世界上仅次于美国和俄罗斯的第三核大国。然而乌克兰把这些武器全退给俄罗斯，仅接受了美国5亿美元的援助。要知道上千颗核弹头再加乌克兰整套的航母、战略轰炸机和导弹，这个军工能力，向全世界出租的收入都会是几千亿甚至上万亿美元，就这样被美国 5 亿美元给忽悠掉了。后面乌克兰国家分裂了又要归罪于俄罗斯。

现在美国金融市场上大涨大跌，谁都以为钱是被美国的金融大佬赚了，但事实并非如此。美国金融市场上那些对冲基金和投资基金，其实都在给外国人打工。理由呢？我给大家一组数据[6]：在金融市场上，美国 2020 年第二季度对外的总资产是 29 万亿美元，美国对外的总负债是 42 万亿美元。所以美国的净资产是负 13 万亿美元，差不多相当于 GDP（约 21 万亿美元）的一半多。可以说今天的美国和被抄家前的荣国府是一样的，外面金碧辉煌，里面是一帮败家子弟在卖家底，早就空了。

现在全世界的新富，既包括当年中东沙特阿拉伯的石油寡头，也包括俄罗斯发了私有化国难财的亿万富翁，还包括中国很多的投机炒家，在投资制造业、炒房地产都赚不到钱了之后，他们把钱转出来投资。世界各国的富翁再加上很大一批洗钱、逃税的人，想着把钱放在安全的地方。想来想去，认为保护产权最安全的地方还是美国，要放在拉美、中东，可能一次危机或绑架就把钱给洗劫了。所以美国有很多不合法的收入，它们先是变成海外资产，经过赌场洗白后转回来投资，美国政府甚至还为此开了一个免税政策。然而流入的大批海外资本，因为养不起美国工人的高工资和高福利，所以根本不敢投资实业。在2008年以前，这些海外资本大多投资房地产，结果房地产被炒爆，现在又转到投资股票市场，而且忙着买自己的股票。

买自己的股票？这是什么意思？国内有媒体经济学家鼓吹，认为公司上市就完成了计划经济向市场经济的转变，认为国有资产转化为社会资产，大家持股，就变成现代企业了。但美国现在是倒着来，要把企业的社会股份买回去私有化。原因呢，就是任何上市公司都需要披露利润、债务和经营政策，包括研发方向、将来有没有利润，全都得昭告天下。这样一来，就会引来竞争者。华为之所以能和美国垄断企业竞争，恰恰在于它是一家私有公司，没有上市，但是这私有公司又是集体持股。如果是联想，我认为它已经变成了私有企业；但如果是华为，倒可以说它是民营企业，因为它是全体员工持股，跟美国联合航空公司相似，但是创始人有重大决策权。所以我认为对华为不能简单定义，可以把它说成是新型的集体企业或者新型的民营企业。

很多经济学家不理解美国大批资本回流意味着什么。很多人看到美国没有增长前景，根本不敢投资实体经济，而只能炒高股市，所以才有了今天美国的牛市。美国的经济增长始终是缓慢的，失业率虽然暂时降下去，但金融危机越来越严重，净资产也负得越来越厉害。所以现在美联储也好、对冲基金也好、各种各样的投资基金也好，整体来看就是在给外国富人打工。如果美国是自由开放的，那他们肯定同时也在给包括沙特阿拉伯、阿联酋在内的各国主权基金打工。美国政府一会儿制裁这个，一会儿制裁那个，说到底就是为了不让外国的主权基金控制美国的核心资产。

从这个意义上来讲，打贸易战是一个借口，美国政府实际上是要打金融战，还要逼美国的资本回流。回不来，就要发动局部战争，因为只有战争才能逼国外的资本回流来进行实体经济的建设。更重要的是，如果不树立关税壁垒，不仅实体经济的建设没办法维持，增加工人最低工资也没有办法继续，医疗社会保障全覆盖更是不可能维持。所以，如果美国不把贸易战持续升级到金融战、科技战、舆论战甚至局部战争，无论是共和党上台，还是民主党上台，都没办法解决美国持续的双逆差问题[7]。这样的逆差使美国不能再依靠军备竞赛加金融操作控制汇率市场，把维持美国霸权的游戏玩下去。唯一的出路，就是放弃世界警察的地位、放弃自由贸易，中美一定程度脱钩以修补美国自己的产业链。否则，美国不但制造业不能生存，军事工业也不能生存。新冠疫情还证明了美国连医药都无法独立自主，一旦有战争或者灾害，美国社会就会陷入谁都想不到的断裂和恐慌。所以我非常明白为什么美国一定要把战争从"小打""中打"升级到"大打"。不"中打",军火工业集团不会支持;不"大打",华尔街不会跟着走。因为华尔街靠全球化吃饭,如果把中国金融市场弄丢了,华尔街的金融集团根本就混不下去。

理解了美国的处境,我们才能看懂为什么布隆伯格要跳出来竞选,因为他同时代表金融集团和高科技集团;也才能够听懂为什么杨安泽要跳出来说高科技企业获得的高利润必须分利给老百姓,让夕阳产业的工人可以有生存机会。然而,美国议会的选举制度不像中国的民主集中制,是能够闯出新路的能人胜出,而是比赛谁能挖对方丑闻把人拉下台,比赛谁会吹牛许诺开空头支票而不知道账单哪里出。现在来了个人(特朗普),说咱没钱了,从朝鲜撤军,从中东撤军,放弃干预乌克兰,放弃当世界警察,缩回来过自己的小日子不是挺好的吗?而且现在得州出产的油页岩气、天然气世界第一,美国根本不需要依赖中东石油了,根本不需要玩石油美元了,我们还在中东打仗干吗?美国原本是给喽啰们撒钱的黑社会老大,大家都高呼美国的伟大。马歇尔援助期间,美国既出钱又让出国内市场给德国和日本大赚。现在发现亏了,不但撒不出钱来,还得让欧盟、日韩给它交保护费。我估计将来菲律宾、越南和印度也逃不掉,因为现在美国都不承认它们的发展中国家地位了。所以美国哪里还有的混？美国主导的金融游戏也是玩不下去了。一些失掉信心的企业家，把资本转到美国，以为私有财产能得到保护，保值增值，不仅衣食不愁还能养活富二代、富三代……这算盘实在是打错了，美国是世界上唯一一个要求公民在全球任何地方都要缴税的国家。一旦你成为美国公民，想要接受美国强权的保护，就得打开钱袋让美国税务局查个底朝天。如果这批人不给美国带来创新、带来就业，只想在美国隐藏投机资产，搭投资便车，那他们手里的钱不过是浮财，一旦欧美国家发生金融危机，这拨人就会首当其冲成为征收对象。

很多金融投资机构原本以为贸易战可以倒逼中国深化市场改革，要盲目开放金融市场，但如果看明白了美国金融的"裸奔"，也看明白了美国金融是"皇帝的新衣"，就知道现在是"人算不如天算"。新冠疫情加贸易战，阻断了美国的产业链，会倒逼中、美两国都要发展包括医疗、高科技在内的自主独立的产业体系，要恢复发展某种程度的战时经济，也就是国有经济。事实已经证明，在技术竞争新陈代谢的情况下，纯粹的资本主义私有制不过是个乌托邦，我把它叫作"空想资本主义"，是根本不存在的。

03.
以史为鉴

"国企无效率"是个伪命题

不少经济学家对市场化的理解存在误区,认为私有企业有效率,国企一定没效率,资本主义市场经济一定会战胜社会主义计划经济。我想他们连英国经济改革的教训都没有搞懂。没有搞懂的原因是什么呢?我告诉大家,这个世界并不是只有苏联和中国的社会主义有国有企业,而是全世界都有国有企业,最典型的例子就是英国。英国经济在第二次世界大战期间被摧毁得很厉害,丘吉尔一度还企图恢复金本位制,结果导致英国金融霸权衰败。所以"二战"结束丘吉尔下台,英国就掀起了一股社会主义改革的浪潮,学苏联收归大企业为国有,把重要的能源工业、铁路交通，全都国有化。

有种说法，讲苏联和西方的冲突是同一个文明的内部冲突，其实是有些道理的，因为苏联搞的托拉斯就是从德国、美国学来的。"二战"后，英国把主要煤矿和铁路公开收归国有。美国名义上没有国有化，实际上早在20世纪20年代和大萧条之后，就有一大批垄断企业成形，其科技研发在很大程度上靠军火订单和国家研究基金补贴，经营方式实际上也和国有企业没多大差别[1]。到了七八十年代，西方和苏联同时出现了经济问题，问题的实质都是行业垄断、消灭大量中小企业、阻碍创新，同时造成国内严重的就业不足和年轻大学生的就业危机。美国军火工业巨头和苏联国企都有垄断利润，其他利润微薄的民用产品依靠国外进口，这给中国创造了发展机会，差别只在苏联把有关民生的轻工业转移到了东欧和中国，美国转移到了墨西哥、东亚，再到中国，现在是印度和越南。

英国撒切尔夫人搞的自由化就是私有化。她把铁路分段拍卖，把国有煤矿拿出来拍卖，煤矿是夕阳产业，卖不出去就让它破产、关闭，目的是甩掉政府巨额的财政赤字和夕阳产业工人的福利负担。有趣的是，我当过铁路工人，也去过英国很多次，我发现英国铁路的效率不升反降，明明有火车可以从苏格兰、爱丁堡直达伦敦，但在售票站里就是看不到通车信息。原因就是火车分属不同的铁路公司，这家不愿给那家做广告。所以，对于有网络效应的产业，诸如铁路、电网、通信，如果要搞私有化分块、分段地竞争，社会效益反而是降低的。现在看来，撒切尔夫人在二十世纪七八十年代搞的自由化改革，对英国来说也是社会分裂的起点。一小部分人认为，相比欧洲大陆国有经济比重更大的法国，撒切尔夫人的改革使英国经济的活力增加，其金融更是可以与美国竞争。但更多一部分人认为，正是撒切尔夫人的改革，使英国实体经济破产和金融异常繁荣，导致今天英国的衰落，也使英国成为金融危机的受害者。

里根干的事实际上更糟。贝尔实验室是世界上最好的工业研究实验室，曾属于美国最著名的垄断公司AT&T（美国电报电话公司）。因为AT&T有垄断利润，不少短时间内不能盈利的重要科学研究和基础研究，如半导体等，都是在贝尔实验室里面做出来的，这些研究中有不少是可以和苏联的国立研究所竞争的。1984年，里根在位期间AT&T被拆分，做金融的人接管了贝尔实验室，将其改名为Lucent（朗讯）。之后实验室的科研资源被逐渐拆分，核心竞争力尽失，2016年竟然被芬兰的诺基亚公司收购。里根在美国搞自由化，拆分了大的垄断企业，让电信公司加入竞争，航空公司的垄断也被打破，允许新公司进入，似乎短时间内就把市场盘活了。但很快就发现亚当·斯密所言不虚：市场规模有限，如果互相竞争的企业过多，只会导致恶性竞争，平均利润率必然普遍下降，研发能力也就走向衰落。这也是美国研发衰落的一个很重要的原因。

国有企业和垄断企业，其优势在于可以集中力量办大事，有能力进行中长期研发，对抗竞争者和金融危机。但如果有新技术打破垄断，新加入的竞争者蜂拥而上竞争短期利润，反而可能损耗老企业的核心竞争力，将原来占领的产业的科技主导权拱手让给后起国家。美国实行自由化的时候，德国、日本并没有效仿，这也是德国和日本后来者居上的一大原因。所以我认为，鉴于自由化和私有化对英美模式的打击，我们应该引以为戒。这也是为什么说片面强调"社会主义计划经济的国企无效率"是个伪命题。

巫术经济学及其后果

　　老布什说里根经济学是"Voodoo Economics"（巫术经济学），"Voodoo"即巫毒教，是起源于非洲西部的原始宗教。里根一边减税，一边扩大军备开支搞星球大战，创造出巨额的财政赤字。如何填补财政赤字呢？就是用发国债来填补财政窟窿，这也是今天把美国经济搞垮的办法，老布什称其为"巫术"。这事发生在什么年代呢？就在里根要跟戈尔巴乔夫玩军备竞赛游戏的时候。那时候里根和撒切尔夫人都在搞金融自由化，但是他们面临的现实是完全不一样的。

　　当时的英国已然衰弱，殖民地纷纷独立，大英帝国不复存在，只保持了一个虚假的英联邦称号。撒切尔夫人上台的时候，英国的实际竞争力不但不如德国，连法国也竞争不过。一个非常重要的原因，就是第二次世界大战结束后，英国工党把基本工业都国有化，走第二国际的路线推行福利社会，然而这条路走不下去，所以撒切尔夫人实行自由化的任务，实际上是要恢复市场经济的竞争力。但撒切尔夫人根本不相信市场竞争力源于投资新科技。她的经济保守主义只顾甩掉财政负担。她不认为技术改造可以恢复国企生命力，就关闭了属于夕阳产业的煤矿企业，用政府的力量镇压工人罢工，把本可以改进的国有铁路拆分并私有化，把缺乏市场的私有钢铁和汽车公司卖给了印度和中国，使英国工业变得更弱，埋下了如今英国退欧的伏笔。因为英国在欧盟不但当不了老大，也当不了老二，连当老三都是委委屈屈的，所以干脆退出来。英国退欧后会更强吗？我认为英国不仅会更弱，还会削弱美国在北约的谈判地位。

里根面临的则是艾森豪威尔和约翰逊留下来的烂摊子。艾森豪威尔介入越南战争，接受法国的殖民遗产。他阻挡民族解放运动，介入埃及、伊朗和中美洲国家事务，这都是美苏冷战以外的代理人的战争。再加上苏联1957年人造卫星首发之后，美国成立美国宇航局，开始美苏空间军备竞赛，借机推动高速公路等基本建设，这些实际上非常耗费国力。那钱从哪儿来？艾森豪威尔政府是用富人的钱打仗，20世纪50年代到70年代个人所得税的最高税率一度高到70%～90%[2]，这让从电影演员变成资本家的里根非常不爽。所以里根上台后干的第一件事，不是削减军备，而是减税。

名义上，里根减税是减所有人的税，其实是减富人的税。提出来的理由——拉动消费——很动听，直到今天国内经济学界还有人推崇。大家想想看，中产阶级的收入和支出很稳定，除了鼓励借债，是没有办法能够拉动更多消费的。真正拉动消费的办法应该是增强国际竞争力，保持垄断利润，从外部获得更高收益，这才可能超前消费。如果国际竞争力下降，收益不足还要拉动消费，这岂不是自杀吗？主流经济学支持里根政策给出的理由是新古典经济学的"涓流效应"。简单来说，就是虽然富人获得了巨额资产和利润，看起来很不公平，但对中产阶级和穷人有好处。因为穷人没办法积累，挣多少就花多少，消费占了穷人收入的大头，而富人的消费收入的占比虽然不及穷人，但因为太富了，即使花出去的只是"涓流"，也能够带动经济发展。减税后富人会扩大消费，就可以雇更多的穷人来打工，于是穷人也能得到好处。这个说法有没有道理呢？我告诉大家：没道理！这是诺贝尔奖经济学家斯蒂格利茨经常挖苦，但很多经济学家不愿意听的说法。因为减税以后，富人发现在美国的投资回报率太低，转身就往回报率高的新兴国家投资去了。

所以，里根改革造成了两个后果：

第一个后果，是减税致使政府没钱进行基础设施建设。美国的基础设施建设，全是艾森豪威尔在20世纪50年代发动朝鲜战争、越南战争的时候，为了拉动经济修的高速公路和桥。几十年过去早就老旧了，但政府财政赤字，哪里有钱维修。

第二个后果，是实体经济大规模外移。这还得从更早的约翰逊总统说起。约翰逊本应是美国最得人心的总统，因为他实施民权运动、支持福利社会，改善了黑人和妇女的地位。然而，推行福利社会就得扩大政府开支，政府开支一扩大就被共和党指责是社会主义。和现在的民主党一样，约翰逊害怕被扣帽子，于是就靠越南战争来自证"清白"。没想到越南战争拖延不决，美国年轻人不断被送上战场，大学生开始造反，约翰逊当了一届总统就不愿再竞选连任，才有尼克松来接这个摊子，给了基辛格调整中美关系的机会。还在加州做州长的里根就明白了一件事，美国在亚洲打陆上战争不合算，那么干什么合算呢？打高科技战争合算，因为只要虚张声势要打高科技战争，就可以名正言顺地给加州的高科技企业发补贴！后来里根高调宣称要进行"星球大战"，其实也是要给加州的军火工业发补贴，否则在加州搞高科技的科学家全都要失业，还连带影响像我这样做基础理论物理研究的人也要处于半失业状态。然而里根的招数，也就是推进金融自由化，到头来搞垮了美国。

当年蒋介石打内战没钱，怎么办呢？就去印钞票。印钞票导致通货膨胀，通货膨胀导致国民党军心不稳，最后解放战争只打了三年，神助攻就是美国强迫蒋经国和宋子文搞的金融改革，加速了国民党政权的瓦解。里根比蒋介石高明，他不印钞票，而是发明了借债，后果就是"国进民退"。但里根的"国进"，进的不是国有企业，而是美联储和美国财政部发的国债。大家想一想，市场上的钱有限，如果美国政府发债要借钱，当然就和美国企业成了竞争对手。一旦美国企业想要发展也去借债，那美国国内借债的利率自然是往上升的。利率升高，结果就是美元升值。美元升值，哪家欢喜哪家愁呢？金融市场无论涨跌全是"双刃剑"。每次金融发生动荡，喜的和愁的立场一定相反，有人押宝牛市，有人押宝熊市；有人做多，有人做空。我的老师普里戈金是比利时人，每年夏天我都会去比利时做研究。20世纪80年代美元升值，我到现在还印象深刻，到欧洲买什么都便宜。所以美国的进口商大赚,出口商就倒了霉,最终导致美国实体经济大规模外移,先移到墨西哥,再移到日本,全都是里根经济学的结果。

直到现在还有人鼓吹中国应该拉动消费,学美国变成进口大国。我再次提醒:劝君莫上当!唯有改善民生,提高国际竞争力才是正道,学美国玩金融游戏让货币升值,学美国拉动消费图一时之快,实在是葬送子孙后代的未来。只有吸取西方国家走金融自由化道路失败的教训,我们才能走出国泰民安的新型金融路。

中东战争逼出的储蓄贷款危机

有不少人认为,自 20 世纪 50 年代起,美苏之间的冷战和竞争就主导着世界,直到冷战结束才有了转向。事实并非如此,美苏两霸表面上可以左右世界,实质上它们左右不了,因为世界从来都是多元的,从来都是不均衡的。这个世界从未有过美国主导的世界秩序,存在于世的是核心区美苏的霸权,以及边缘区对霸权的挑战。

对美苏霸权的挑战来自三个方面:

一是发生在东亚和东南亚的朝鲜战争、越南战争和周边的民族独立运动。雅尔塔体系[3]划长江以北为苏联的势力范围,划长江以南为美国的势力范围,但毛泽东不理会,挥师渡江解放了中国大陆。如果毛泽东也像蒋介石那样遵守美苏瓜分世界的协议,就根本没有今天中国崛起的可能。二是美国接手英国的烂摊子去支持以色列,和整个阿拉伯国家的伊斯兰文明对抗,付出了高昂的代价。埃及和以色列的战争,虽然以色列胜了,但阿拉伯产油国抱团成立了石油输出国组织,利用石油做武器,大幅提高原油价格,猛烈冲击了美国和西方社会经济,成为直接催生美国金融自由化和金融危机的重要原因。美国在地中海南边支持以色列所遭遇的阿拉伯文明的冲击,远大于在柏林墙遭遇的对抗。这一点,美国和西欧感受更为深刻。三是来自拉丁美洲的挑战。美国在拉丁美洲制造的一连串金融危机,反过来冲击美国经济,同样是造成美国金融危机的重要原因。

所以美国想当世界警察还真没那么容易。局部战争刚控制住,金融的漏洞就来了。美国金融体系漏洞百出,对此最清楚的恰恰是拉美的经济学家,还有一些阿拉伯国家的经济学家,他们都在英国和美国接受过严格的训练,他们读西方经济学教科书的水平,远远超过中国留美、留英的经济学家,后者有不少人毕业就回了国,没有多少在西方国家工作的经验,其实并不了解美国,也不了解英国。

第二次世界大战以后，美国军人退伍回家，拿了奖学金就念书、生娃娃，这批新生儿就是"Baby Boomers"，成了顺风顺水的美国婴儿潮一代。此话怎讲？大家想想看，在东亚国家，日本老百姓要存款20年甚至40年才能买个房子，中国老百姓几代人存钱加起来才能买个房子，而这一代人，他们大学毕业，只要找到工作就可以立马拿到30年固定利率的抵押贷款去买房、买车。这样的美梦从何而来？凭的恰恰就是罗斯福时代建立的一个制度，也就是资本主义制度下的计划经济。

罗斯福明白，大萧条的源头其实就是金融市场的投机。所以罗斯福时代实行了严格的金融监管，不仅把投资银行和商业银行分开，还把面向老百姓的风险不高的汽车抵押贷款、住房抵押贷款和商业投资贷款分开。老百姓是不会拿自己住的房子去投机的，一定得保证有稳定的购房利率。"二战"后美国很多信用社，存款只用于员工买车、买房，发放抵押贷款，整体风险不大。正是因为实行了资本主义下的计划经济，实行了金融的分期贷款计划，美国才在50年代到70年代初维持了稳定的繁荣。

然而，这场美梦被中东战争终结了。开始的时候，因为美国军队控制了中东产油国家，所以美国汽车烧油如烧自来水，便宜得不得了。但以色列战争激起了中东国家的愤怒，他们虽然在军事上打不过，但那些石油公司的高管个个都是美国训练出来的，他们转而利用石油价格做武器，打击西方经济。

油价一涨，美国的储蓄贷款银行就发生了危机，出现利率倒挂。利率倒挂是什么意思呢？美国大部分的房地产抵押贷款都是30年不变，在经济良好的时候，贷款利率很低，比如说才5%；石油冲击以后，市场存贷款利率普遍暴涨至10%，甚至更高。然而对于储蓄贷款银行来说，一方面，贷款利率要保持原有的低水平；另一方面，又要为吸引储蓄付出高额的利息。这样一来，岂不是高买低卖，百分之百破产？卡特总统一看利率倒挂，没有办法，只能搞金融自由化。所以金融自由化的鼻祖还真不是里根，而是面相和善又亲自当木匠给老百姓盖房的卡特总统。

卡特是民主党人，而且很像第一国际的德国社会民主工党，要为多数百姓谋利益，要帮助中产阶级。他推行金融自由化的动机和撒切尔夫人完全不同。撒切尔夫人属于英国保守党，相信的是富人那套哲学。但他们殊途同归，都被逼着搞了金融自由化。卡特实行金融自由化，允许储蓄贷款银行扩大经营范围，就像是允许农商银行扩大经营范围。扩大金融经营范围以后再去投机，风险是增加了还是降低了？当然是增加了。所以经济好的时候这些银行很高兴，因为大家有钱赚了，金融好像比实体经济还火。

但是高利率也带来了高通胀，所以卡特任上的美联储主席保罗·阿道夫·沃尔克（Paul Adolph Volcker, Jr）断然采取措施压制通胀，到里根接任的时候利率便回落了。利率回落对老百姓来说是个好消息，对银行来说却不见得。因为金融最大的问题就是长期和短期利率的来回变动。高利率的时候，银行扩大投机做商业地产；利率回落后，资产和负债两边到期的时间、风险不匹配。怎么办呢？结果带出来一个更愚蠢的政策，企图掩盖银行的损失。

提出这政策的不是美联储，而是美国银行的游说集团。他们说服那些不懂金融的国会议员通过一个法案，说借此银行账面的损失可以摊薄。以储蓄贷款银行累积的30年期房地产抵押贷款为例，如果银行赔了30亿美元，一上报公开，股票市场马上就会知道这家银行亏了30亿美元，股票就要大跌，以后这银行想拿股票去抵押借钱可不就借不着了吗？于是美国国会就出台了一个政策，实际上是帮银行造假，说账面亏损的30亿美元是30年期的房地产抵押贷款产生的，那就修改会计规则，把30亿美元除以30，账面的亏损就只剩1亿美元了。公众和投资人哪里会晓得里面搞什么鬼，觉得这1亿美元的亏损过两年就能恢复过来，所以银行的股票只会稍稍有点波动，不会大跌。所以至今还有人认为西方透明和法制健全，却不知道所有的银行和商业集团，甚至包括国会在内，都可能为了自己的利益造假、扭曲信息。

这个政策的结果，就是变小窟窿为大窟窿。等到大窟窿瞒不住的时候，正好里根下台老布什（George Herbert Walker Bush）接班。我认为老布什是美国总统里面最不会说话、最不会选举，但最能干事的总统，他的功劳是被低估的，他处理储蓄贷款银行危机的经验教训非常值得借鉴。

处理国有银行坏债有几个办法，其中一个是成立资产管理公司，把坏债冻结起来，用发展解决问题。因为坏账数目基本不变，分子固定分母做大，债务问题自然化解。还有一个思路，对那些投机资本造成的泡沫和危机，政府到底是该替它们买单还是让它们责任自负？老布什采取的办法就是金融家常说的"壮士断腕"——让你破产。

储蓄贷款银行属于中小银行或者信用社，当时美国大概有7000家这样的银行，其中三分之一到一半都出现了问题。让大批中小储蓄贷款银行破产不会天下大乱吗？不会引起社会动荡吗？要维稳难道不应该去救金融寡头吗？但老布什清楚，中小银行贷款是因为投机出的问题，就要责任自负，让其破产。该抓的人抓了，该坐牢的坐牢，这样投机的人就会知道，投了机又要政府买单是行不通的。

老布什的办法非常简单,他成立了一个清算公司 RTC（Resolution Trust Corporation）,就是"美国资产重组托管公司",实际上就是用来解决问题的,这个机构后来归到储蓄贷款的保险公司,运作的时间大概是 20 世纪 80 年代末到 90 年代中。这些资不抵债的储蓄贷款银行破产后,大部分资产由政府接管,于是政府拥有了大部分实际上是居民居住的房地产。这些房地产并非商业房地产,那是否有价值呢?当然有价值,因为好多穷人真心渴望有房子。房子落到政府的清算公司手上了,该如何处理?如果拖着不处理就想保值增值,那房地产没人管,里面的东西被偷、设备被损坏,房子不可能增值,只会贬值。所以清算公司的目标非常简单,就是快刀斩乱麻,立马就拍卖了政府接管的、数以千计的储蓄贷款银行所拥有的房地产。拍卖的价格,起拍价是先砍掉原价的 10%,卖不出去再砍 20%,我估计价格大概只有初始的三分之一到一半。

我那时候在美国做基础研究,只是个博士后,实际收入连秘书都不如,长期生活在美国贫困线以下。我之所以能够坚持研究到现在,一个很重要的原因,就是在那时候发了美国金融危机的"国难财"。平日里,房地产抵押贷款首付都在 20% 左右,然而美国人手上没有储蓄,所以在当时,四室一厅、独门独院的房子从十几万美元降到几万美元还没人买，只好下调首付。等我去买的时候，首付已经从原价的 10% 又降到 0 美元。要知道交易是有成本的。一般来讲，美国房产交易额的 6% 是给中介商，买方和卖方各出 3%。市场不景气后，房子都没人买，交易费就可以投标让政府出。所以我买的房子，价格是正常价格的一半，首付是 0 美元，交易成本是 0 美元。又因为经济危机没有人贷款，那些没有倒闭的储蓄贷款银行还抢着给你贷款，贷款分期后的每月还款额比正常的租金还要低几百美元。所以当时，我买房而不是去租房，相当于银行每个月还补贴我两三百美元。老布什时代采取的壮士断腕手段，廉价拍卖政府从破产银行收缴的房地产，实际上是扶了贫。我能否以 0 首付、0 交易成本买到房子，其实是个不确定的竞争过程。机会转瞬即逝，只有果断的人，才能抓住机遇。做科研如此，谈恋爱如此，投资也是如此。

我当时没体会到这个措施的好处。直到苏联解体了以后，俄罗斯的科学家到了美国，一开始我还让他们别相信美国的资本主义社会有多先进，就带他们去看得州奥斯汀的黑人区。结果意外发现，原来草有半人高、荒地似的黑人区，现在都建得整整齐齐，门前还有篮球架。原来治安不良的地方，现在大家都安居乐业了。我后来问了才知道，我的老师瓦尔特·怀特曼·罗斯托（Walt Whitman Rostow）

虽然是打越战的鹰派，但在国内还是很有建设性的。他从国家安全顾问的位子上退下来后，和共和党老布什的清算公司合作，拿奥斯汀做试点，借金融危机，拿没收投机资本的钱扶了贫，改造了奥斯汀的黑人区。得克萨斯大学进一步让跨学科研究的重点大学参与当地的社区改造。得克萨斯州也借金融危机的机会转型，原来只是依赖养牛和石油成为高科技、跨学科的前沿基地，现在能够接收大量为了躲避房地产高房价、高税收从加利福尼亚州迁移过来的高科技企业，成为以奥斯汀为中心的硅丘（Silicon Hill）。

这个经验非常值得好好吸收：第一，借金融危机扶贫，改造贫困区；第二，借金融危机，从依赖单一的大牧场、大石油业转型为发展高科技；第三，就是拉动新一轮可能的投资，投到像奥斯汀那样的中小城市。这类城市有好的大学，有好的科学家，让这些科学家能够安心做研究，才有可能发展高科技。

拉丁美洲债务危机：
繁荣的代价

20世纪80年代，拉美债务危机和美苏冷战的加剧同时发生，对美国产生了巨大的冲击，使美国想要继续"门罗主义"（号称"美洲是美洲人的美洲"）难上加难。现在，美国的影响力限于边界墙之内，不但影响不到加拿大和墨西哥，连整个拉美都成了远超中东国家的反美中心，原因是美国跨国公司在拉美的残酷剥削和美国支持拉美的军事独裁政权，导致拉美社会分裂动乱，连传统的天主教会也支持拉美国家的社会主义改革。

故事说起来简单，和后来的希腊债务危机类似，拉丁美洲债务危机也是私人投机资本制造的债务危机，最后让美国纳税人和拉丁美洲国家的老百姓来买单。

20世纪70年代，拉丁美洲国家想利用进口替代和基础设施建设来发展民族经济，办法就是大规模借债。那时候中东国家用石油做武器，石油输出价格暴涨，拉美国家认为机会来了，因为他们也拥有丰富的石油、天然气和矿产资源，所以也能提高出口价格。这让作为进口国的发达国家很头疼，但也让西方的投机资本看到了机会，都愿意借钱给拉美国家的政府，干吗呢？投资开发石油和其他基础设施。

拉美国家借了巨额债务，经济一度非常繁荣。经济一繁荣我们就有机会了解市场的无效了。市场经济的繁荣是一时性繁荣，先是经济高涨，吸引短期投资涌进，然后进入下一个生命周期，生产饱和，增速马上就降下来。所以等到拉美国家一拥而上，石油生产过剩，就造成了油价暴跌。美国经济不好的时候，北部和东部的人口大批流动到得克萨斯州，导致得州房价暴涨。油价一跌，大批人失业后跑掉，得州房价又大跌。在得州的时候我就很惊奇，油价一会儿成倍涨，一会儿又噌噌跌，得州经济也随着起落。所以资本主义制度下哪有什么有效市场？油价一跌，到了80年代里根总统搞减税，财政赤字扩大，造成美国利率暴增，促生了美国的储蓄贷款银行危机。但大家有没有想过，这对拉美国家有何冲击？

拉美国家从美国和欧洲资本借的大量主权债务是用美元计价的，美国利率一涨，拉丁美洲国家的债务利息负担暴增三四倍。本来经济欣欣向荣，突然出口价格大跌，还债负担大增。那怎么办？很简单，债还不起，货币贬值，只能向国际货币基金组织和美国、欧洲的私人银行借钱。私人银行一看有赔钱的可能，自然就不肯借。拉美国家是国退民也退，于是墨西哥、阿根廷等拉美国家一个个先后宣布赖债，停止支付利息，不少美国和欧洲的大银行都跟着赔了大钱，陷于破产边缘，花旗银行就是其中之一。我能得知此事，是因为后来支持复杂经济学研究的私人资本，主要就来自花旗银行的老总。老总是工程师出身，在拉美债务危机里赔得差点破产，气得不得了，再不相信经济学家，就掉转头来支持物理学家研究经济。可惜他还是失了策，去支持了搞原子弹实验的那批人。那批人是为了给自己寻找就业出路才办了圣塔菲研究所，实际上对经济并不了解。

最后拉美危机怎么解决的呢？一个解决方案是美国著名的经济学家杰弗里·萨克斯（Jeffrey Sachs）提出的减免债务。他的方案实际上是社会主义的办法，就是美国同意政府出资，既救助美国的商业银行，也救助拉美政府的主权基金，减免拉美政府的一部分债务，让他们有喘息的时间。美国政府为什么会答应呢？道理很简单，因为墨西哥是美国的邻国，如果墨西哥经济破产，就会有大批墨西哥难民冲进美国，动摇美国的后院。而且这个钱不是白给的，是要求拉美国家对美国继续金融开放，然后美国用金融控制的办法，让拉美国家没办法走东亚国家走过的自主发展的道路。以至于到现在，拉美经济对美国的依赖愈加深重。所以有人相信美国是一个"中性政府"，而我看得很清楚，天下从来没有中性政府。同是金融危机，美国对付拉美债务危机和东南亚金融危机的态度就完全两样。亚洲四小龙和日本都是美国的竞争者，在发生金融危机的时候，美国不但不救助反而叫它们开放金融，放美国的投机资本进去趁火打劫，兼并东南亚国家和日韩的核心企业，使它们雪上加霜。这就是所谓的"华盛顿共识"的背景。

拉丁美洲债务危机之后，美国表面上减免了一部分拉美国家的债务，同时也加强了拉美国家的金融控制；政治上则是镇压社会主义的格瓦拉游击队，扶持反共的黑手党政权，造成今天拉美的难民危机。里根曾经雄心满满，间接促成戈尔巴乔夫拆了柏林墙，似乎西方国家就是开放社会的代表，只有社会主义计划经济才需要搞闭关自守。可特朗普却倒过来要搞边界墙，也要封锁来自拉美国家的难民和社会主义中国的资本。所以到底是社会主义经济有竞争能力,还是资本主义经济有竞争能力?这个不是一个信念问题,不是一个自由问题,更不是一个信仰问题,而是一个国际竞争的问题。后来美国和欧洲的高端智库请我去参加国际会议,讨论国际金融危机的预防和处理,都是和国际地缘政治、和国家安全连在一起的,根本没有什么互利共赢还是全球化,通通没有。他们非常明白,对于开放以后的全球竞争,美国越来越力不从心,美国主导的全球化即将崩溃,后面怎么办是个大问题。我之所以批评美国,不是因为我需要对什么组织机构负责,我只是作为一个研究经济问题的物理学家,告诉大家经济学的理论有多少漏洞,离现实有多远。

听话听音，锣鼓听声

第二次世界大战以后，为了保护民族经济，世界各国都在某种程度上实行汇率管制。值得一提的是，因为在1971年之前美元和黄金挂钩，所以美国经济繁荣的时候恰恰是实行固定汇率的时候。但是发动朝鲜战争、越南战争，加上战后搞马歇尔计划，美国手伸得太长，最后国力难支，美国政府就只能给自己解套，搞起浮动汇率来。

那时美国实行浮动汇率，其他各国都还守着固定汇率，盯住美元来保证自己国内经济的繁荣，这对美国的投机金融资本是有利还是不利？当然不利。于是有美国财政部在背后主导的世界银行和国际货币基金组织，它们要推行市场自由化，最重要的就是要打破各国的汇率管制，才能使美国有机会从金融市场赚来高额利润，以填补商品贸易市场的亏空。这个道理，打贸易战的都看得很明白。所以市场自由化成为华盛顿共识里最核心的主张。那么世界各国政府对此都做何反应呢？

有的人就假设有一个全知全能的政府，能够代表国内所有利益团队。我做复杂科学就看得非常清楚，不但市场上各个利益集团互相矛盾，任何国家政府的各部门之间的利益也是互相矛盾，根本不存在新古典经济学描写的"中央计划者"。以为在"中央计划者"的计划下有一个目标函数，可以使整个国家经济均衡、各部门不存在分歧、所有集团利益一致……没这回事。一个国家，即使不同部门的激励机制都与实体经济有关，它们的利益也存在矛盾。最终怎么办，就要看领导支持哪个利益集团了。那么如果搞汇率自由化，谁最欢喜？中央银行最欢喜。因为要维持固定汇率，央行干的经常是吃力不讨好的事，操作成功了风平浪静，一旦出了毛病，丢官不说，舆论上还要遭谴责，自然不是每个行长都愿意来当这个"背锅侠"。要是手里的"子弹"打光了，国家外汇储备不够了，他要给自己解套怎么办？就干脆借外国政府的压力顺势而改，就像打贸易战时一批经济学家主张要倒逼市场化改革，其实是为了给财政部减压，客观上给搞投机的资本一个出路，从地下钱庄的灰色外逃变成冠冕堂皇的"资本自由流动"。所以听话听音，锣鼓听声，要看讲话的人背的什么包袱，鼓掌的人脚底沾的什么泥。

在金融危机的时候，美国政府和国际货币基金组织要求拉美国家实行浮动汇率，要求日本、韩国放开金融市场，无非就是为了能让美国的投机资本流入，以低廉的价格控制所在国的核心产业资本。但为什么这些国家会上当呢？有几个原因。

首先，拉美国家明知道会吃亏但无计可施。因为拉美国家政权普遍不稳，使用西方议会制的国家很容易就被外国资本收买；军事独裁政权如不能维持军心，也难以长期抵抗来自国外的压力。

在东欧，波兰想借着西方的力量推翻共产党，成了最先上当的一个。波兰团结工会的莱赫·瓦文萨（Lech Walesa）非常相信哈佛的经济学家，请到了杰弗里·萨克斯和几乎所有西方主流的经济学家去帮忙做设计。设计的办法就是华盛顿共识的办法，学拉美国家放开汇率管制、放开价格的管制，让其自由浮动。结果波兰经济立马垮掉，因为波兰的汇率管制放开了，但西方国家对波兰的贸易壁垒却并未放开。波兰的农产品和化工产品原本是有竞争优势的。波兰没有实行过集体化,都是小农经济,也不存在产权问题。波兰的小型农场固然竞争不过西方规模化的大农场,但波兰农业的优势在于没有大规模使用农药化肥,它的农产品属于有机食品,品质更好。然而这些都得不到西方承认,都以缺少质量认证、包装不合格等原因将其拒之门外。另外,欧洲的化工市场被德国人占着,怎么可能让出空间给廉价的波兰化工产品呢?所以波兰价格一放开,立马出现巨额贸易逆差,货币大幅贬值,团结工会的基地——格但斯克造船厂面临倒闭,因为要实行私有化,大量工人被解雇。所以瓦文萨是得了诺贝尔和平奖,但底下的哥们儿都众叛亲离。

这大跌以后怎么办呢?因为波兰是美国瓦解华沙条约组织的桥头堡,和苏联是世仇,所以出于战略利益考虑,美国一定要出钱援助波兰的,这也是杰弗里·萨克斯上当的原因。萨克斯这人真的是好心,我跟他有多年的友谊,他竟然主张美国也要对苏联的经济改革进行援助,就跟援助波兰一样。我当时就乐了,我说他真是太天真,美国援助波兰是为了让波兰去对抗苏联,苏联是美国的竞争对手,将来美国连自己国内的经济危机都支撑不了,美国援助得起它吗?萨克斯不信,结果把自己的信用搭了进去。当然,他可以辩护,在美国政府的援助下,波兰的经济的确是恢复过来了，但实际上没有美国大规模援助的国家经济倒退得一塌糊涂，最惨的就是当年从奥匈帝国里面分裂出来的罗马尼亚和保加利亚，乌克兰更是吃了大亏。

现在打贸易战，竟然有一帮人高呼打贸易战中国就要亡，高呼"救美国就是救中国"，这实在荒唐！中国不但没有能力救美国，而且还可能被反咬一口。2008年金融危机，中国政府购买了大批美国国债救了美联储，美国恩将仇报，将中国购买的上万亿美元国债定性为造就了中美金融的"恐怖平衡"！甚至还倒打一耙，把美国产生金融危机的原因归咎于中国百姓的过度储蓄，而不是自家金融的过度自由化和整个国家的过度消费。美国如此恬不知耻，却还有中国经济学家跟在后面应声说中国储蓄太多，要拉动消费，等等。我就要问，在美国垄断资本，操纵国际大宗商品的定价权，控制大批量中国出口的采购权的时候，中国企业利润不提高，怎么可能增加老百姓的收入来拉动消费呢？

现在一大批经济学家宣传所谓的有效市场，我相信他们是好心，也希望改革能成功，但他们的最大问题就是本本主义，宣传的其实大都是国外已经失败的经验。中国改革开放的成功，恰恰在于没有走东欧国家市场自由化、私有化这条道路，而是走了一条有限开放试验学习的路。有限开放外国对中国的直接投资,有限开放沿海地区,都为中国的国企、民企创造了极大的学习竞争的空间。中国国有银行更是在承担社会责任方面,拥有更长远的眼光。反观东欧国家,匈牙利政府借了外债来补贴老百姓的消费,无力还债,最后只好把国有银行卖给西方银行,在金融危机面前丧失了国家干预金融市场的能力。

短视的1∶1兑换率空中撒钱

柏林墙倒塌以前，东西德的老百姓、企业家和政治家实际上都有一个民族统一的愿望。存在的问题就是，如果统一，由哪一方来主导？是双方平等统一，还是一边把另一边吃掉？所以柏林墙的存在更像是东西德之间某种竞争的均衡，直到戈尔巴乔夫单方面放弃《华沙条约》(*Warsaw Treaty*)，放弃了对东德政府的支持。于是，东德被迫失掉了与西德平等联合的前景，柏林墙一倒，形势就变成西德对东德的单方面统一。

西德基督教民主联盟的总理赫尔穆特·科尔（Helmut Kohl）主导的统一在当时引起了巨大的争议。西德的老百姓、经济学家以及多数政党，都反对东西德快速统一，因为如果东德经济在统一后垮掉，西德纳税人就得背上补贴东德的沉重负担。而科尔想当德国统一的历史功臣，打了竞选连任的算盘。何不用东德老百姓的选票，来补偿西德不同政党和选民对他快速统一的质疑呢？于是，他不顾经济学家的反对，实践了美国自由派货币主义理论家米尔顿·弗里德曼的"直升机撒钱"策略。

当时东西德用的货币都叫马克，官方兑换率虽然也是1∶1，但在黑市上大概得五六个东德马克才能换一个西德马克。从这里我们就知道，东德经济虽然在社会主义国家里是最好的[4]，但在和西方的竞争中处于劣势。科尔突然宣布东西德在货币上实现快速统一，让东德居民以1∶1的比例来兑换西德马克，把东德马克作废。这对东德的老百姓来说岂不是天上撒钱吗？

然而，这一招导致的后果，让所有经济学家大跌眼镜。原本西方经济学家认为，如果天上撒钱，那钱多了东德自然应当出现通货膨胀，货币理论永远讲通货膨胀就是个货币现象。没想到东西德货币快速统一之后，东德不但没出现通胀，反而大量企业倒闭，出现了通货紧缩。大家就奇怪了，天上撒钱应该拉动消费呀，而且东德企业在东欧社会主义国家里技术水平最高，质量也最好，怎么突然间就大量倒闭了呢？

这里面的道理其实非常简单。东德原本的贸易差不多一半是自产自销，一半是出口到东欧的社会主义阵营国家，也出口到中国。而东欧社会主义国家之间的交换实际上有多种安排，可以用东德马克或者卢布，但更多的时候是以货换货。以前，中国基本上出口轻工业产品和农产品，交换回来东德先进的机械设备，但现在东西德突然统一，全变成要拿西方的"硬通货"——西德马克或美元来结算，社会主义国家没有硬通货怎么办？就此，东德出口社会主义国家阵营的市场就坍塌了，一半市场没了。那还有一半国内市场呢？原来东德的产品物美价廉，但因为是社会主义国家计划经济，所以品种不多也不时尚。突然之间，老百姓手里有了大量西德马克，于是就蜂拥而上地去购买西德产品，东德企业就此连国内市场也丧失了，接踵而至的就是大面积破产。

这套休克疗法，实际上当年弗里德曼也推荐给了中国政府，中国政府没有实行。中国转型期间保持了双轨制的稳定和有限开放，保持了外汇市场交易的稳定，所以中国国内市场才没有如东德市场一样垮掉。遗憾的是，东德市场垮掉后，西德也没有受益。因为东德本身的人口规模大概只有西德的三分之一，暴增的购买力只是给了西德清理仓库存货的机会，这类消费当然是不可持续的，西德经济在短暂的消费热潮后很快就冷却下来。反过来，为了安抚东德老百姓，避免在统一后出现大面积的失业和社会动乱，西德政府给东德老百姓开出了高达东德GDP规模一半的补贴，而且长达十年之久。可想而知，如此高的补贴负担，纵使经济强大如西德一样也难以承受。随之而来的，就是德国利率的飙升。利率飙升之后，西德马克一路走强。时值德国与欧洲共同体国家实行联系汇率，准备过渡到欧元区，所以德国马克一升值，其他国家的货币都得升值。因为英镑原来就跟德国马克有联系汇率，所以最先受不了的就是英镑。英镑一升值，英国经济就出现衰退。一开始，英国还企望能够动用自家的外汇储备来捍卫英镑和西德马克的联系汇率，然而这不仅没能持续，还给了索罗斯一战成名[5]的机会，从而动摇了欧洲货币联盟走向欧元区的进程。

这件事我是如何得知的呢？这还得从20世纪90年代中后期我的一次柏林之旅说起。德国人是非常有民族自尊的。两德统一之后，他们就把首都从西德的波恩搬到柏林，向全世界庄严宣告德国实现了统一。当时我有一个猜测，认为东西德统一后的柏林应该经济繁荣。因为如果中国迁都，那政府的大量投资都会跟进，新都城所在地一定经济兴旺，然而事实却出乎我的预料。

那次是因为工作关系到了西柏林自由大学，给对中国有兴趣的当地学生开一系列讲座。因为我的讲座部分安排在周末，而学校的餐厅周末是不营业的，所以学生们就含蓄地提问，说如果咱们周末上课，午饭在哪儿解决呢？因为听课的学生加老师大概也就十多个人，我想请一顿午饭应该是不成问题的，于是就豪爽地应下来，说周末我请大家下馆子。没承想，等星期六上完课，我带了学生出校门去吃午饭，却发现西柏林的餐馆周末全都关了门，平日里地铁站卖热狗的摊贩也都没了，走了一两个小时才找到一家营业的中餐馆。我就非常惊奇，连忙询问为何柏林如此萧条，德国的老师和西柏林的学生才给我揭穿了柏林从繁荣到衰落的秘密。我才发现，国内外从政治学、经济学分析的柏林墙必然倒塌的各种理论，其实都只是可能性，并不具有必然性，东、西德统一和柏林墙倒塌的真正原因，其实是西德发动的一场心理战。

在柏林墙倒塌以前，我曾经从比利时的布鲁塞尔一直开车经过捷克、东德，然后到西德。从捷克进入东德，我遇到的是我见过的最严密的边防军。东德认为中国是社会主义兄弟国家，中国人又反美又反苏，在东德和西德都获得了高度评价，所以他们对中国人已经相当客气。即使这样，从车里到车厢底甚至行李箱，边防军还是一个不落地搜查得非常严密。我的胆子不小，但在东德也是规规矩矩，不敢乱说乱动。然而从东德进入西德，看守竟然连证件都不看，挥挥手就让我过去了，当时觉得西德真是自信满满。但是多年后柏林墙倒了，才有西德人告诉我实话，是东德和戈尔巴乔夫上了当。西德人在冷战时代就知道，如果要跟社会主义国家打地面战争，西方国家根本没办法抵挡苏联的坦克部队。那怎么办呢？索性就玩西方擅长的宣传战，不仅拉上西德各州都参与补贴西柏林，还通过诸如自由之声等电台、电视，天天宣传西德如何高消费，说东德老百姓只要越过柏林墙，民主、自由和高消费都唾手可得。正是这虚假的繁荣，吸引了东德大批不同政见的人士，甚至边防军前去投奔。等到柏林墙一倒、冷战结束，西德各州再没理由继续补贴西柏林，各州财政盈亏自负，柏林立刻陷入萧条，连俄罗斯、乌克兰和波兰的富人都跑到柏林来买房地产，可见柏林的衰败到什么程度。

今天欧盟的软弱、德国经济的放缓，根子其实都在科尔总理为了选举而进行的快速统一。如前文所说，东、西德的统一是不平等的统一。西德在接管东德企业之后，把整整一代的管理层和技术人员都舍弃了，粗暴地认定他们都跟东德共产党有关，东德科学院的大部分研究所也都以重复建设为由关闭。而西德的大量资本，也并没投资到东德企业和研发，没有恢复东德的制造业和实体经济，而是投资于东德的房地产和历史建筑修复以恢复民族自信。所以大批东德年轻人到西德寻找就业机会，中老年人只能留在原地吃救济，这些都成为东德经济陷入衰退的重要原因。后来在德国重新兴起的民粹主义和法西斯主义，发源地也在东德，因为东德青年的失业问题最严重。这也给了我们一个重大教训，就是采取哪种货币结算系统进行国际接轨，用谁的法律来裁判商业纠纷，实际上是非常重要的国家主权问题。东德政府因为戈尔巴乔夫的软弱，放弃了对等联合的前景，以致整个东德经济完全垮掉，西德也背上了长期的包袱。

历史学家秦晖在2009年访问德国时曾经有个非常有趣的"昂纳克之问"。他问东德最后一任共产党总理汉斯·莫德罗（Hans Modrow），东德有没有可能挑战西德？莫德罗认为东德人口太少、力量不够，所以没有可能。而我认为有可能。如果苏联主政的不是戈尔巴乔夫，而是像邓小平一样的领导者，那么就不会撤军，也不让柏林墙倒塌，而是在两德边界开放特区，允许东、西德居民有序流动，鼓励西德企业投资，东德企业学习西德企业管理，有序开放人员交流。东德人民真的进入西德，发现西德就业没有东德稳定，可能就不会产生移民潮了。然后两德渐进地统一，和今天内地与香港的渐进融合一样。东德有东欧和苏联的巨大腹地，怎么会一开门就垮？事在人为。历史关键时刻，领导者的判断影响国家的命运。既有体制的必然性，也有个人历史作用的偶然性。变革发生在必然和偶然的交叉点上。这也是我们非线性动力学的发展观，叫"分岔论"。

04.
中国金融怎么改

中国金融发展的"三大战役"

西方主流经济学的金融理论的基本假设,认为金融市场的套利行为会自动保持市场的均衡,而且定价的机制是线性的,所以市场波动服从正态分布,这也就意味着平均值是存在的,方差是有限的,可以做资产定价。这个理论有没有意义呢?有最低阶近似的意义,因为它是金融市场最简单的、理想化的数学模型。如果我们学过数字计算,就知道任何一个函数都可以做泰勒展开。如果要描写金融市场,你取最低阶的近似,就是现在的西方金融理论。但如果认为高阶近似都很小、不重要,全都抛掉,那误差就会非常大。现在最有用的金融理论就是哈里·马科维茨的资产组合理论，它是说要分散风险，鸡蛋别放在一个篮子里。它计算金融市场的波动，算到几阶矩呢？平均值就一阶矩，方差二阶矩，分布的偏向会到三四阶矩。而我们在研究金融危机的时候发现，市场相对平静，也就是追涨杀跌的非理性行为不是很严重的时候，三阶矩以上的高阶矩比二阶矩要小很多，比如只有1‰左右的程度，但等到市场动荡投机风潮起来，高阶矩会突然暴涨上千倍，幅度远大于新古典经济学算的方差，使资产组合理论失败，然后就会产生金融危机[1]。

那么，如果否定了新古典经济学的金融理论，有什么可以替代呢？我们给出答案，金融市场是一个非线性的、非均衡的、异常复杂的市场，必须用集体行为的生灭过程来描写。金融市场绝不是西方新自由主义经济学描写的选优汰劣的平台，而是一个全球竞争的战场，不仅是经济竞争，而且涉及军事、舆论的权力以及地缘政治的影响。这个战场需要的数学，比研究导弹的数学还要复杂得多。我多次介绍过，美国真正厉害的军事理论研究，实际上放在了做原子弹的研究机构里，其中最有名的是设在约翰·霍普金斯大学的应用物理实验室（APL）。早在2006年，实验室就在美国国防部的指导下开始金融战的研究，并在金融危机前后（2009年）进行了跨学科的、金融战的预演。

参与此项研究的专家分别来自美国的军事部门和情报部门，以及金融市场里的对冲基金操盘手，预演结果在 2012 年参与者写的一本书上披露过[2]，但是完全没有引起我国媒体的重视。

历史上，英国设立英格兰中央银行的目的并不是为了发展经济，而是为了和法国争霸。英国和美国的军事霸权在很大程度上都要金融霸权的支持。但是反过来，英国和美国金融霸权的过度扩张，也导致历史上的英国和现在的美国的实体经济被虚拟经济挤出，导致英美霸权衰落。这个历史教训非常重要。所以对于一些迷信美国金融模式的市场派经济学家，他们还想对美国大开金融市场之门，我必须给出警告：一定要与时俱进，不但要把信息战、网络战列入国家安全范围，还要把金融战列入国家安全范围，否则会吃大亏。

简单来说，金融是全方位的竞争，是包括政治、经济、军事、信息、话语权，甚至法律的综合的一个超限的战争，金融市场是一个不流血的战场。从更现实的方面来讲，金融战场上很多时候也流血，如美国发动第二次中东战争，目的就是打击欧元，所以金融战是流血的战争和不流血的战争的互相配合。

从这个角度看金融的发展，我们就会发现一个很有趣的现象。美国在金融的技术水平上遥遥领先，但因为它让"看不见的手"——其实就是金融寡头——主导，所以金融对国家和社会的作用，很多时候是弊大于利。中国的金融市场，发展过程虽然艰难，但是走的道路还真的和已经有200多年历史的美国道路，以及最近二三十年东欧、拉美、俄国走过的道路大不一样。中国虽然付了一点学费，但是得远远大于失。

我其实也是金融发展早期的参与者，从20世纪90年代开始，我就担任过上海市政府的顾问，和有关部门讨论过如何将上海发展成为一个金融中心。在此我不谈细节，而是打算讲讲我观察到的改革开放40年来中国金融发展的"三大战役"。

金融的"三大战役"之前曾有成功的历史经验，就是我特别推崇的上海解放初期的金融战。上海解放前夕，蒋经国把国民党央行存在上海的黄金、美元储备全部运到了台湾，而且部署了国民党潜伏人员在上海制造货币投机、市场动荡。他认为共产党只会打仗不会管经济，几个月内就会垮台。我们的应对，概括起来就是"枪杆子里出信用"。当时，投机商在上海兴风作浪，不用人民币，在市场上倒卖黄金、美元、银圆。陈云就建议上海新的市政府，出动解放军封锁了上海证券交易所，把拒绝用人民币的投机商人都抓起来，人民币立马就坚挺了，要知道当时的人民币根本没有黄金外汇储备做支撑。当然，解放军之后还有全国大协作的实物支撑，其实就是推广了淮海战役的经验，城乡统一调度战略物资，包括粮食、布匹和煤炭，一下子就打爆了投机商人，稳定了市场。所以，中国的计划经济我建议应该叫"统筹经济"，一开始就在解放初期控制上海以及主要城市的投机市场方面取得了成功的经验。改革开放以后，因为中国技术落后，为了引进外资不得不容忍某种程度的资本投机。在这种开放的情况下，中国不成熟的社会主义经济能否和资本主义经济竞争，尤其和强大的外国的金融资本竞争？我们来看中国是怎么走过来的。

第一场战役：汇率双轨如何并轨

改革开放初期，中国出口的东西少，外汇非常有限。为了稳定国内市场，人民币和美元使用固定兑换率，而且比值较高。这样一来，中国就很难打开出口市场。

历史证明，中央对于中国国内市场如何与国际市场对接和调整，其决策大胆有魄力，做法和东欧完全相反。东欧国家对自己没信心，从波兰到俄罗斯，它们请了哈佛的权威经济学家，请了美国股票市场的金融大鳄，这批顾问建议它们完全放弃对金融市场的管制，搞休克疗法（Shock Therapy），结果导致西方的进口货一时间大量涌入东欧国家，挤垮了当地的民族工业，然后货币大幅贬值，国有资产大量流失。这个命运在中国被避免。

中国是怎么避免的呢？采取的首要办法就是双轨制。中国金融市场对外资开放是有控制的、试验性的开放，在几个特区局部开放，而不是全面开放。进出口贸易也有国家管制，没有像东欧那样全部放开。管制中有一个很重要的问题，就是汇率，如果没有竞争力就打不开出口市场，所以当时的策略是人民币一次性贬值，而不是放开由市场来波动，中国的出口贸易量就迅速增加，很快就使贸易的逆差变为顺差。要知道在当时，西方依然在封锁中国经济，但中国的出口开始稳步增长。大家还记得，当时中国国内有外汇券，外汇券就是双轨制的实现，如果在中国国内买卖进口商品，就存在外汇券和人民币的差别，实际上是用了两种不同的汇率，直到外贸从逆差变为顺差以后，才渐渐实行了汇率并轨。

我后来见到索罗斯的金融伙伴罗杰斯。他曾经骑着摩托车，后来又开着奔驰车环游世界。他告诉我，他观察一个国家的金融是否稳定有个非常简单的办法，就是在国境线上看汇率的黑市价格和官方价格差距有多大。他发现，在中国边境线上，人民币和美元交易的黑市价格和官方价格的差距其实是很小的，所以他对中国的经济改革非常有信心，赞不绝口，但是对东欧和俄罗斯的评价就很低。

汇率差距大小的问题有多严重呢？在转型时期，发展最好的波兰、匈牙利和捷克，它们的汇率都大幅贬值，而且波动时间很长。中国只是有过短暂通胀，大概百分之二十几，很快就控制住了。而东欧的通胀率高达百分之几百，而且动荡了好几年，经济下滑非常严重。波兰和捷克的货币大概贬值了百分之几十，俄罗斯货币贬值到只有原来的千分之一，乌克兰的货币贬值到了上万分之一。相当于西方国家拿一美元就可以换走俄罗斯上千美元的资产，或者乌克兰上万美元的资产，一时间这些国家的国有资产流失相当严重。[3] 所以，社会主义国家财产在遭遇金融洗劫时，防御的关键就是是否进行汇率和进出口贸易的管制。中国金融的第一仗，我认为是非常成功的。

第二场战役：中国大国企的股份制改革

中国开放股市的目的到底是什么？如果按照西方新自由主义（Neoliberalism）的理论，股票市场就是给新生企业筹资的市场，也给老的股东提供退出机制。如果金融市场能够帮助一些新兴的企业做大，使其首次公开募股就能够筹到钱，以投资于新兴的技术和市场，那它是创造了价值的。但如果只是在金融市场上投机，尤其还有内部交易人士和金融大鳄在操纵，那它就是个赌场，是一个零和博弈，并不创造社会价值。有些人高估股票市场的作用，其实和历史发展是不符的。历史上荷兰、英国、美国主导的全球化的衰落，都是过度金融投机挤出实业造成的[4]。但是，中国发展股票市场有一个非常明确的战略目标，这个战略目标被西方人士批评，但我认为中国实际上是成功的。什么目标呢？

第一个目标，中国必须坚持社会主义道路，就要保持国有企业在经济中的主导地位，而开放股市在二十世纪八九十年代，有些不现实，当时中国的财政其实已经相当困难。如果照以前计划经济的办法，光靠财政补贴，用农业积累来补贴工业积累，在开放的情况下是没有办法和国际资本竞争的，所以中国政府就考虑能否利用股票市场从国际市场上筹资，同时把国有企业做大做强。实际上，这是个实验，能否成功当时是完全不知道的。当时用的两个办法都很有争议，但我认为客观来讲，总的效果比东欧、俄罗斯和拉美要好得多。第一个办法就是"抓大放小"，中小企业放手让地方政府处理；第二个办法就是为重点国有企业招股引资，请有国际声誉的大投资银行参股，改善国有企业的经营和对外形象，提升在国际市场上的价值。这方面我认为也是做得比较成功的。

当时，克林顿政府的财政部部长罗伯特·鲁宾（Robert Rubin）——他以前也是高盛的掌舵人——在一次会议中问了我一个问题：中国国有企业改革要花多少成本？这是美国人非常固定的思维，只要一讲改革，如医疗改革、金融改革，第一个想的问题就是新古典经济学的问题，即基本只能在现有情况下估算成本，但是很难预估改革若是赢了会创造多少价值。我当时给了他一个答案，我说中国国有企业改革要是改得好，不但不会赔本，还会赚钱。他听了以后惊得下巴都快掉下来了。但过了几年，我发现我的直觉还很对，真被我猜准了。下面我就讲讲中国四大国有银行改革的故事。

中国以前是没有商业银行的，只有中国人民银行。后来中国人民银行把中央银行和商业银行的职责拆分了，就有了四大国有银行：中国银行、工商银行、建设银行和农业银行。它们在改制变成股份化的进程中，吸引了不少国外的战略投资者。

四大国有银行上市以前，很多西方主流的经济学家，都认为中国的国有银行是没有希望的，一开放肯定破产，就跟东欧的国有银行一样。改革成果最好的匈牙利,把本国的银行全部卖给了外国资本,完全放弃了国有银行。而波兰历史上曾被德国和苏联三次瓜分,并不相信外国资本,因而保留下屈指可数的国有银行。所以即便大多数银行都私有化,被外国人控制,波兰依然成了东欧国家里面到现在为止经济最好的一个,其经济政策的独立性比其他东欧国家(比如自由化的标杆匈牙利)要好得多。

  我当时发现了一件很有趣的事,就是经济学家和金融家的观察是有很大差异的。经济学家相信有效市场,认为中国的国有银行债务很高,按西方标准只能破产,不可能上市赚钱,所以对中国的国有银行改制不屑一顾。但是搞金融的投资家和银行家不一样,他们认为中国的金融市场潜力很大。因为中国的银行有很多网点,建设这些网点需要非常大的投资,所以与其让中国国有银行全军覆灭,不如接管中国国有银行的网点,然后就可以算这些网点值多少钱。所以当时,中国国有银行的资产值多少钱就成了大问题。关于这一点,西方经济学家对中国又有一个误解,这也是中国国内鼓吹的匈牙利经济学家亚诺什·科尔奈(Janos Kornai)的软约束理论,就是认为国有企业没效率,能生存全靠政府补贴,让银行给亏损的企业贷款。如此,他们认为中国国有银行和其他社会主义国家的银行一样,坏账比例应该非常高，完全可以说资不抵债、破产，直接被西方跨国资本收购就完了。

关于资产评估，我的朋友史正富有个高明的看法。因为他是政治经济学出身，自己又做投资，他发现西方会计学本质上是个政治经济学的问题。给企业估价，对它的未来做预测，在很大程度上是政治判断。我们可以把会计学叫作某种程度上的"政治算术"。在这个问题上，当然我不知道这个主意到底是西方顾问提出的，还是中国人自己想出来的，我觉得中国人处理得实在是太聪明。

当时中国政府就采取了一个很简单的办法，就说我们相信国有企业有生存能力，但它的坏账是历史包袱，从20世纪50年代一直累积下来，从未清算过，根本就没办法分清是谁的责任，那怎么办？很简单，打个包把坏账冻结起来，把坏账的资产单独挂起来处理，会计上做个了结，就不能再增加了。后面接任的总裁轻装上阵，重新开始计算业绩，对市场负责，只要经营得好、总的资产做大，坏账的比例自然就缩小了，这是非常简单的道理。所以一些自由派的经济学家老在那里嚷嚷说中国的债务危机严重了，就不想想只要发展将分母做大，分子不变，整个债务比例就缩小了嘛。这是中国改革初期的重要经验。

当时中国四大国有银行就分别成立了四家资产管理公

司。金融其实做的就是风险的生意，不可能说放债的只赚钱不赔钱，不然，银行或者信用卡公司是做不大的。西方在这方面还真是很有经验，我问过美国的银行家怎么处理信用卡的坏账，他们说根据经济形势的变动，控制一个适当的坏账比例，卖给专门吃坏账的小公司就完了，但不能要求管理人员实行债务终身责任制，或者没有坏账，否则，钱就别赚了。中国的资产管理公司就学了西方的办法，中国国有银行也学会了一些西方的管理制度，比如包装上市。

西方国家一看中国经济还在继续增长，看来真不会垮台，就抢着买中国国有企业的股票。虽然老有人讲国有企业没效率，但因为国有企业有历史、有资产、有土地、有员工、有网点，所以在国际市场上，对国有企业的信任远远超过民营企业，最先进入世界500强的中国企业大部分也都是国企，这是非常符合发展规律的。

我后来查过媒体报道，中国国有企业上市以后，增值的部分远远超过没上市以前原有的资产加上打包卖出去的那些坏账资产，感兴趣的读者可以自己找资料研究。2008年金融危机以后，中国的国有银行在世界十大银行里名列前茅，把美国最大的银行都挤出去了。所以中国国企改革，起码就国有银行的改革来说是赚钱的。有些人按照现在的市值算，抱怨中国当时招商引资卖给西方投行的股票股价定低了。我觉得这个说法不科学，因为当时没人知道中国的国企改革能否成功，也不知道到底股价应该值多少钱。西方的投资银行在中国国有银行参股倒也有个好处，它们知道自己没办法控制中国的国有银行，见好就收，金融危机来了干脆就把中国国有银行的股份高价卖出，回美国救自己的公司去了。所以中国国有银行仍然保持了自己的独立地位，在这点上我认为中国改革高明的程度，真的是超过西方老谋深算的投资银行家，你不服气不行。

第三场战役：巨额基建投资的钱从哪里来

中国改革开放 40 年，从世界角度来看有一件非常奇怪的事，中国这样一个人口最多、基础最薄、资源低于世界平均水平的国家，竟然能在世界上进行大量基础设施的投资，而且进行了大量的城市改造。这钱从哪里来？用经济学的说法，就是原始资本积累从哪里来？

大家知道，资本的原始积累是非常残酷的，包括圈地运动、殖民战争和鸦片贸易。还有一个办法，就是美国曾经大量借债引进英国资本修铁路，修完以后宣布破产，英国投资是打水漂了，但铁路留在了美国的土地上，美国就这么发展起来了。

过去40年，中国虽然一直在讲招商引资，但实际上引进外资的规模不到中国总投资规模的5%。最早来大陆投资的并不是有先进技术的美国资本，而是港澳台和海外华侨资本，它们带来了已经过时的劳力密集型产业的机器设备，带来了西方市场的营销渠道，创造了就业，同时带来了不断改进现有技术的可能，给国家打开了出口换汇的路，使国家在西方经济封锁的情况下突破了资本稀缺的问题。作为回馈，国家也用廉价土地和减免税收来降低外国资本在华投资的风险，远比它们在东南亚其他国家要低，所以外来资本在中国是赚钱的。

那么其余95%的资本是怎么来的？中国既没有对外发动战争，又没有抢占殖民地。当时鼓吹自由化的人，觉得中国可以学拉美一样大举借债，但说实在的，中国在债务问题上非常保守小心，赖皮的事儿做不出来，不愿意损害国格。所以，中国不搞殖民主义也不大规模借债。但搞基础设施建设，钱从哪儿来？这个中国奇迹里就有我的一个老朋友张五常先生的贡献。他介绍了香港"卖楼花"的经验，内地便依此来了个金融创新，内地媒体叫"土地财政"，我把它叫"土地金融"，这办法我认为真是天才级的发明。

我印象最深的例子发生在重庆。比如，重庆高新科技区需要修座桥,但是没有政府投资。经济规划部门就让中央政府或地方政府下个红头文件,说明项目规划前景。文件拿到手押给银行,银行就有了政策依据。中国老百姓的储蓄人均不多,但总量不少,大部分都存在国有银行。对于有政府支持的保险的项目,国有银行当然就愿意放款。重庆政府聪明的地方,在于不单单修桥,而且有片区的整体规划,如桥旁边会有产业区、工厂、住宅区、商业区等,做好规划就招商引资,拿着设计图就开卖。国内外的资本一看,这个地方将来会繁荣,于是买了楼花,钱就先投进来了。

实际上,中国是地方政府拿批文创造信用,利用民间资本和国际资本先把楼盖起来,把桥修起来,以后土地一增值,后面就是正向反馈的循环。等这个地区做大,人口增加,产业发展,赚到钱就可以再去规划其他地区,整个中国就是这么做起来的。这在西方国家,在东欧、印度都做不成,因为土地私有,政府征地都很难。另外,和西方国家相比,中国收税的成本和难度实在太大,原因是中国没有财产登记,老百姓也没有缴税的习惯。如果要像西方的公共财政体系,用税收来决定政府的支出,政府支出又要经过复杂的法律程序来决定未来的投资方向,那中国经济的发展就会非常缓慢,根本没办法和西方发达国家竞争。

但是中国土地公有，使用权可以拍卖，用土地金融的办法就可以创造信用在世界上竞争。再加上中国人，有组织性、纪律性、吃苦耐劳，施工效率比西方高得多。还有一个最大的奇迹是设计施工和招商引资同时滚动进行，这奠定了中国高速发展的基础。中国最开始投资基础建设，后来投资高铁和各个城市的老城改造，全都是用土地金融的办法。

  当然，这里面有一个当初没想到的问题，西方国家也没有办法解决。如果地方政府是靠土地金融作为主要增长基础，经济发展以后地价一定会升高，地价升高后劳动成本也会升高，实体经济的发展会越来越困难。那么西方是怎么应对的呢？就是产业出走。以麻省为代表的128公路曾经是美国经济增长的领头羊。当年那一带都是重工业，包括军工、钢铁和重型机械，因为是垄断，所以利润很高。20世纪50年代繁荣以后，资本收益增加，工人工资增加，房地产也跟着涨价，其他企业越发不能生存。70年代，包括新型半导体计算机、原子能、航天在内的高新产业，就从东部跑到西部，在加州一带发展起来，并在往后二三十年达到了高度繁荣。繁荣过后最终同样迎来了房价上涨，企业再次转移，从西向南，到了我现在所在的得克萨斯州。得克萨斯州在金融危机前后迅速发展，取代了加州经济领头羊的地位。再往后呢，就是现在全世界都看到的，美国高科技公司觉得国内成本太高，转而对世界输出制造业。因为中国投资风险小、市场大，地方政府效率又高，所以由跨国公司主导的美国制造业就外移到了中国。中国能够承接几乎全部的美国制造业，以及很大一部分日本、韩国和德国的制造业。现在美国打贸易战，想逼中国制造业外移，请问哪个国家有中国这么大的规模、有中国共产党这么强的执政能力，能够承接中国制造业的转移？虽然有人鼓吹印度和越南将来会取代中国，但我认为概率不大，因为印度征地都困难，越南又没有"一箭多星""两弹一星"的基础，配套协作能力差太远，只能接盘一些服装、鞋类的生产。

总的来说，中国以公有制为基础的土地金融，使中国避免了债务危机，没搞侵略也完成了原始资本积累的金融创新。但房地产价格升高绑架了实体经济，这该怎么处理呢？我认为本质上和四大国有银行改革的办法一样，在于如何资产重组。如果房地产绑架了大量投机资本，又不让它流动，那就把自己搞死了。房地产的困难实际上应了一句老话——"成也萧何，败也萧何"，这是当年搞土地金融没有想到的代价，但我认为，这个问题在中国社会主义制度下是可以解决的。

上海如何能建成世界金融中心

在金融方面，我查了历史，1891年，中国最早在上海成立了证券交易所。1949年，交易所解散之后的中国金融就是我讲的，"枪杆子里出信用"。所以从晚清到民国，中间还经历了北洋军阀时代，中国金融的尝试经历了多少时间呢？58年。新中国建立后，中国金融重启试验，1990年年末上海证券交易所再次成立，紧接着深圳交易所成立，再到今天，过去了多少时间呢？30多年。这30多年来跌跌撞撞，中国交了不少学费，但保证了中国金融没有翻大船，实体经济也发展良好，可以肯定地讲，成绩是有的。然而，中国有多少人了解金融的本质，了解该如何管理金融呢？我这里讲个故事，大家听完后再思考我们对金融了解多少。

20世纪90年代，有关部门给了上海一个任务，希望上海能变成金融中心，但上海的干部都是做工业出身，没人懂金融，所以那时候他们就找到我。因为我们是老朋友了，那时候，我曾是上海市政府的顾问，调查当时严重的三角债的问题，上海市政府研究室还专门派了一个同志陪我，这样下面的人才能讲实话。上海的领导同志真的很谦虚，其中就有今天大家都佩服的，而且我认为是过去30多年中国涌现出来的最好的投资银行家，是谁呢？就是前任重庆市市长黄奇帆，那时候他还在上海当国家经济贸易委员会主任。那一次我们讨论，黄奇帆和其他几个领导就很谦虚地问，上海能不能成为金融中心？

虽然我自己没有从事过金融业务，但是我的经济混沌理论运作成功之后，华尔街投行的大老板马上找上门来，想挖我去帮他们赚钱。当时我的回答很简单，经济混沌这个研究目前还不能帮人赚钱，但是我可以断言，宣布自己可以赚钱的那些金融炼金术全是骗人的。华尔街投行的大老板听了以后都垂头丧气，但金融大鳄索罗斯后来自己找上门来。那么当时我给上海管经济的领导怎么讲的呢？我的回答很简单，建议有两个。我说上海如果要做金融中心，就要解决两个问题：一个是信息或者说经济情报的鉴别和传播问题；另一个就是人才问题。此话怎讲？

我告诉他们，日本的证券公司和银行在海外的情报系统，效率超过美国的中央情报局。哪个国家要发动政变、要出事，日本的金融情报系统早已经知道，提前就会撤资、抛售。所以，如果上海要成为金融中心，那要明白竞争者是谁，你最大的竞争者是纽约，然后是伦敦，再下来是芝加哥、东京、香港和新加坡。为什么？因为做金融、做投资，其实打的是经济情报战，经济情报和政治情报又是不能分开的。所以，如果要把上海建成国际金融中心而不是国内金融中心，那最少得学新加坡，政治信息的管控要维持，但是经济信息的管控要放开，否则投资者怎么知道上市企业的业绩是真的还是假的，怎么根据情报的准确与否来决定投资是要做多还是做空呢？我说，这些上海能做到吗？回答也很明确，上海做不到，只有中央才能批。那我说，如果中央不敢批，那上海就不可能成为国际金融中心，和中国香港、新加坡没法竞争，做国内的金融中心应该是可以的，但是效率未必一定比深圳高。

第二个问题取决于人才。我说做金融跟打仗一样，都得是天才，书呆子不行，要打赢仗，少说也得找金融里面的彭德怀，厉害的得找粟裕这样的人。我讲了一个故事，说苏联人以前怎么会在科学上迅速赶上德国，你知道斯大林怎么重视人才的吗？大家知道，在"二战"以前、"一战"末期出现的空军，要比坦克部队对战争的影响更大。要组建空军得设计飞机，当时苏联的航空工业和德国、英国、法国的没法比，但是苏联非常重视人才，出现了一批如图波列夫这样大名鼎鼎的飞机设计师。但是在"二战"以前，图波列夫设计的飞机在一次国际航空表演上出了事故，丢了苏联政府的面子，斯大林大怒，就把飞机总设计师图波列夫撤职了。撤职以后斯大林怎么办呢？把科学家送去农场劳动吗？斯大林没这么做，他在监狱里面给图波列夫设了一个研究所，命令他什么时候设计出新型的飞机，就什么时候出狱。结果图波列夫就在监狱里面设计出了新型飞机，虽然比不上德国最先进的飞机，但是性能灵活又能批量生产，在"二战"期间发挥了重要作用。

上海"327国债事件"的原因是什么呢？就是当时的国债交易规则本身有问题。出了事光是抓证券公司的操盘手是解决不了问题的。所以我说金融里面能打仗的人都是天才，不是看学历，也不是看官运，要在实战里面发现人才。我当时就建议，金融交易、石油交易里面出事的都是能打的人，如果他们犯罪，就在上海附近找一座孤岛，把他们放在岛上，与外界隔绝信息，每次中央金融规则出台前，交给他们去研究有什么漏洞，然后提出修改意见。如果证明有效，就可以立功减刑，这样才能够避免中国的金融监管机构走很多弯路。上海领导听懂了，但是说我们没有这个权力。直到今天，任命金融各部门的领导人员还是用 20 世纪 90 年代的办法，要么是海归有学位的，要么是从基层干上来的，但从基层干上来的当年都是国有银行的官员，最好的也就是懂会计，但是不懂金融，所以金融监管非常保守，对付不了金融大鳄。

后来我见过一个金融方面的高层领导，我说金融衍生工具实际上相当于战争里面的高科技武器，就算不开放，至少也得要有一个战略部队在国外打仗练手，否则要吃大亏的。大家知道我得到的回答是什么吗？他说他早就认识到人才的重要性。索罗斯派人找到我，想让我来主持这个事，我为此还专门去请教了当年上海的老领导汪道涵。他认为培养人才可以操作，但是当时的环境下，政治风险难以避免。事虽然没成，但我和索罗斯的交情从此便有了。

我们看今天的中国和今天的金融市场，大家讨论能不能开放，其实都没有明白，金融战就和实际战争里的情报战、信息战本质是一样的。当年中国能打胜仗，是出了李克农这样的将军，在情报工作上胜过了国民党特务。但是今天我要很坦率地说，我们离毛泽东讲的"在战略上藐视敌人，战术上重视敌人"还差得远，很少有人认清情报战的实质是一个科学问题、算法问题，不是单单依托区块链、大数据，再加金融改革开放的口号就能打仗的。现在我们中国的金融，还有待提升和改善。贸然开放金融，自以为可以跟美国的金融大鳄较量，这是肯定要付学费、要吃大亏的。

以积极的财政金融政策
应对结构转型风险

【导读】

　　新古典经济学教科书中最误导人的一个概念，是认为个人和企业是原子一样的独立存在，互不干扰，可以理性决策。对于过了结构转型期的已经成熟的大量过剩产能，以为可以靠片面改革来去除，就没想此举会影响整个供应链，造成经济下行、企业裁员、中小企业倒闭、国内消费能力萎缩，最终市场前景黯淡，民间大量资金也不敢在国内投资，反而想要转移到国外去投机，又被西方国家政府逮住去填他们的财政窟窿……这一连串事情的源头，其实就是没看到现在的经济是高度关联的产业链。所以就目前来说，消极防范金融风险是个错误的、静态思维的观点，没有国际竞争的大局观。美国的过剩产能远比中国严重，却坚持用自己的强权向全世界推销自己的过剩产能，目的是维持全球市场规模的优势。如果中国能抓住时机，占领未来国际分工的制高点，采取积极的财政和金融的扩张政策把产业升级的仗打赢，国家的信用不仅不会破产，债务和投资都会变成良性循环。如果消极防御，必然导致贸易战和科技战的节节退让，反而会增加国家命运的整体风险。

在面临贸易战的时候，中国有个经济问题被美国利用，就是连续几年的经济下行，被美国认为是强迫中国大幅让步的良好机遇。这个问题之所以出现，一个很重要的原因，就是不明白市场规模竞争就是过剩产能出路的竞争。用均衡理论去产能，导致经济连续下行，实际上是没有从国际竞争的角度，认清中国结构转型面临的风险到底在什么地方。

《经济增长的阶段》的作者华尔特·罗斯托（Walt Rostow），是我在美国念研究生时候的经济学老师，他的研究涉及世界上主要的工业国家，也覆盖中国与印度。他注意到，经济转型会引发政治经济危机，甚至引发战争冲突。这让我意识到一件很重要的事，就是第二次世界大战以后美国推行的"马歇尔计划"（The Marshall Plan），实际上是凯恩斯面对经济萧条采取的，由政府扩张财政来推动经济走出危机的一项措施。但凯恩斯没注意经济周期背后的技术革命机制。比罗斯托更早的，是俄罗斯经济学家尼古拉·D. 康德拉季耶夫（Nikolai D. Kondratieff），他发现技术革命有个长周期。如果理解我的"代谢增长论"，就会明白，长周期在面临经济转型时，新老技术的新陈代谢会出现转型期阵痛，非常重要的原因就是新老产业都会产生巨大的产能过剩，出路只能是加速用新产业取代旧产业，而非让新旧产业长期共存。这个时候，如果相应的金融政策不加以调整，依然用传统的办法去杠杆来防止风险，实质是压制产业更新换代，就会引发经济萧条，甚至内战和革命。马克思写《共产党宣言》的时候，世界各国发生的革命和内战，以及由大萧条引发的两次世界大战，本质都是在新旧产业转型的过程中，产业新陈代谢出现新老产业产能过剩造成的金融危机，应对不当就变成了动乱和战争。

所以，了解了过剩产能是产业新陈代谢过程中的正常现象，那应该如何应对呢？我讲几个简单的故事大家就能明白了。先说美国经验。1913年，福特汽车公司开发出世界上第一条生产流水线,大大降低了汽车的生产成本,使得汽车在美国家庭普及。为什么在美国家庭能普及但在其他国家没有?因为那时候美国金融是很激进的,福特汽车厂的工人只要愿意购买汽车都给发放贷款。很快,汽车厂的工人都有了汽车,再扩散到其他产业。即便如此,市场也很快饱和,因为除了德国,其他国家的汽车消费都还没开始。巨大的生产能力一旦形成,本国消费能力又有限,如果不采取相应的金融和财政政策对外扩张市场,最后一定造成生产过剩。所以大萧条的时候,只要美国福特汽车厂、通用汽车厂的汽车卖不出去,工人就罢工,马上就影响到农产品卖不出去,哪怕牛奶倒到大街上,也只是保证农产品价格不连锁反应地急剧下降。社会有没有需求?当然有,老百姓需要汽车,更需要牛奶。但为什么社会需求不能转化为货币需求?问题其实就出在金融政策和财政政策的保守上。等到第二次世界大战一开打,政府开出军火订单,汽车厂立马就生产坦克去了。一时间机械厂生产武器,化工厂生产炸药,使得美国迅速走出了金融危机。

然而,第二次世界大战只是暂时解决了问题。战时的军火工业带动了美国的钢铁制造、化工和电力,所有行业都极大扩张,一旦仗打完,军用订单没有了或者急剧缩小,大批军人转业回来没有就业,美国经济就会产生前所未有的大萧条，甚至比1930年的大萧条更严重。为了避免这样的后果，与其给工人发福利救济造成财政负担，还不如把这些产品以正常的价格卖给欧洲国家，美国政府就开启了我们都知道的马歇尔计划，名义上是帮助欧洲国家重建，实际上是有条件的赠款，就是必须买美国的产品。从整体上算，马歇尔计划援助的规模不大，但有力地解决了美国的就业问题，而且帮助了美国钢铁、化工、建材等老旧重工业转型升级，造就了美国50年代的经济繁荣。

到了70年代，在第二次世界大战中产生的原子能、雷达、电子通信这些新兴行业在美国西岸加州一带发展起来。为什么能在那一带发展起来呢？因为在立国之初，美国州政府就把从印第安人那里抢来的大批土地划给了大学，变成大学基金。我所在的得克萨斯大学就是美国公立大学里面最有钱的，因为在大学的地产下面发现了石油。大学基金就把开采权租给石油公司，什么都不用干就能获得巨额年收入，可以用来发展教育和科研。第二次世界大战后，一个东部的亿万富翁到得克萨斯大学当了商学院的院长，他实际上是俄裔，叫乔治·科兹梅斯基（George Kozmetsky）。第二次世界大战以后经济萧条，大家都认为军火工业没有前景，股票跌得很低，而他预感世界会发生动乱，就投资了军火工业。结果朝鲜战争一爆发，他就发了大财，赚的钱就拿来办了得克萨斯大学商学院来支持科研。包括我所在的普里戈金热力学与统计力学研究中心,以及我做的经济混沌研究,他都是非常重要的一个赞助者。

到这里大家就明白了,军火赚来的钱,只有在战后经济增长的环境下才能再次赚钱。只有赚了钱以后才能扶持新兴的高科技产业,因为无论是发展高科技,还是扶贫搞环保,都是非常烧钱的行业,而且短期内没有回报,在经济收缩的情况下,将会越来越难以扶持。

那么中国的历史经验又是什么呢?20世纪70年代末放开农业的多种经营,然后是生产责任制。农业发展起来以后,乡镇企业发展,放开农民工进城,经济增长才带动国企改革。等国企也受益于新农村建设,钢铁、材料等一连串产业都发展起来后,再开放深圳特区……这是一个良性循环。这样的正反馈一环扣一环,经济学上是违背稳定需要负反馈的均衡原理的。所以中国的历史经验就是"先增长后改革",农业先发展,工业再跟进,然后对外开放,深化改革……发展都是先有一个主导产业起飞以后带动其他的产业。这条重要经验我认为很有必要在今天重提。西方的经济学教科书强调一般均衡,要防范经济风险去杠杆,都是由一派保守、传统的金融学家空想出来的药方。实行这些均衡举措,容易造成一连串的经济下行。中国前段时间先是关闭污染企业和钢铁企业，再关闭相关产业的产能过剩企业，结果影响到钢铁、水泥、化工等一连串企业波动。银行发现风险增大后趋向紧缩。在这种情况下，产业改革会越来越困难，想要通过经济调整去做基建、扶贫、环保等长远投资，困难也会越来越大。

2008年的金融危机对美国和世界的冲击相当严重。那年秋天，美国的智库曾邀请我到纽约新学院参加研讨会，为即将上台的奥巴马政府建言。我给奥巴马政府的智库介绍中国改革开放初期的成功经验"先增长后改革"的时候，美国经济学家不能接受，因为他们看不到美国经济的增长点，只看到美国经济的问题。他们的思路也跟西方在东欧推行休克疗法是一样的，以为先改革，把制度改好、产权保护好，经济就会自动发展。所以，虽然研究金融的人早几年就知道问题所在，呼吁加强监管，民主党政府重视社会问题的人也早提出了给几千万穷人扩大医疗保险等措施，但后来奥巴马施行这些政策的大环境早已危机重重，结果不但没能创造就业，还扩大了财政赤字，导致美国金融危机的后果越发严重。

多亏当年的财政部部长保尔森和后来的美联储主席伯南克，在金融方面采取了违背常规的扩张政策，大规模启动美国央行发债、发钞，挽救了金融的大企业，挽救了三大汽车公司，让寡头企业度过了危机，才使得美国虽然损失惨重，但是没有重演1930年的大萧条，当然他们并没有援助危机中大批的失业家庭。后来日本也学了这招，日本在80年代金融泡沫、土地泡沫以后经历了长达20～30年的停滞，最终走出来，实际上还是采取了激进的货币政策和财政政策，说白了是用政府的信用来发钞，拉动日本的经济，所以才让日本和美国在目前来看都暂时度过了金融危机的冲击，欧洲央行也是这么跟进的。但是，美、欧、日的实体经济始终没有恢复到危机前的正常状态。西方的"新常态"，指的是低增长、低通胀的状态，被中国媒体经济学家借来描写高增长以后的宏观经济，含义并不清楚。

这里面有一个重要经验，为什么防范金融风险的理论是错误的？回头看历史，包括美国独立战争、南北战争和英国的工业革命，有一条重要的经验实际上是完全突破传统经济学的。古典经济学讲货币是交易的媒介，照理说有多少实物就应该有多少货币，后来觉得货币管理不方便，就以贵金属来做锚，有多少白银、黄金才敢发多少货币，类似中国以前的钱庄。但你又会发现，工业革命后英国为什么能发展起来？为什么英国能打败法国？美国独立战争的时候人口只有300多万，工业也没发展起来，税也收不到，怎么能把英国打败，后来又怎么打了南北战争？其实都是靠了一条经验：建立中央银行，依靠政府信用来发债。当时，谁都不知道这些债能不能还得上，但只要政府不倒台、国家不灭亡，那么政府永远是可以先发债打仗，打赢以后再慢慢还债的。

现在的经济学存在一个有争论的问题，就是货币到底发多少才合适？债务发多少才合适？传统的凯恩斯经济学只有一个经验：如果失业增加，货币政策就要放松，或者增加财政赤字。以米尔顿·弗里德曼为首的美国自由经济学的货币学派则更简单地强调所有通胀都是货币印钞的问题。现在看来，两种说法都是错误的，因为要应付产业更替过程中产能过剩造成的金融危机，单靠传统的货币理论没办法让经济完成结构转型，必须依靠政府信用来弥补。我们现在讲拉动消费，试想如果就业前景都不能保证，老百姓怎么可能拉动消费呢？实际上只能靠政府扩大投资来创造居民消费的增长空间。对于扩大投资会增加过剩产能，其最终约束只有一条：仗你得打赢，你得占领国际分工制高点。

以淮海战役为例，国民党军队在装备和兵力上都比解放军更优，但是解放军敢打，在兵力上不具备优势，技术又落后的情况下，仗却打赢了。除了灵活机动的战略战术外，还有一个重要原因，就是当时的后勤采取了比凯恩斯还要大胆的决策。大家都知道山东野战军也就是后来的华东野战军，在打仗的时候有个非常动人的故事，数以百万计的农民推着手推车或者牛车给解放军送粮。大家有没有想过这送粮的钱谁来付？因为那时候国民党的金圆券贬值，金融乱成一团，市面上又有黄金、白银，各个解放区的货币都不统一，所以很多地区动员农民送粮是没有钱可以发的，怎么办呢？后勤就大胆打出了白条。农民因为土改得到了土地，拥护共产党，就把家里的余粮都拿出来送给解放军，希望他们把仗打赢。这个白条欠的钱什么时候才还清的呢？据说有的老区到七八十年代才还清，离解放战争都隔了二三十年了。

任何政府要拉动经济，搞基本建设投资，甚至要打赢决定国家命运的战争，靠的都是国家的信用。正确的战略思想加上相信中国共产党长期执政是有成效的，就可以创造出相当大的信用。只要想通这个道理，就可以完成"一带一路"的建设任务，真正构建人类命运共同体。中国的央行和财政部甚至可以比美联储和美国的财政部更大规模地发行货币和发债，因为我们是投资在基本建设上，包括扶贫、环保，是能产生回报的。虽然可能得在二三十年之后，但相比美国来说，他们是投资在社会福利的黑洞和军备竞赛里，是没有回收的可能的。中国信用扩张的前景要比美国光明得多。

只要度过这一轮经济下行,预防即将到来的、从美国发源的金融危机,中国变成世界第一且主导全球经济发展的大局就会在几年里定下来,根本用不着十年二十年让人均 GDP 达到美国的百分之多少,都不需要。我讲一个很简单的道理,人均 GDP 指标并不代表国家的真正竞争力,它的计算本身有严重问题。世界各国真正竞争的是可以出口的工业产品和农业产品,少量可以出口的服务业,比如专利,定价都是垄断的,所以才会有很高的价格和利润。美国工会和企业抗争,民主党的应对策略就一条——增加最低工资。于是最低工资增加得越高,人均 GDP 也越高,但却导致制造业实际的国际竞争能力越来越低。所以,美国在工会推动下不停地提高最低工资的结果,是美国制造业不断萎缩、不断外移,越发依靠服务业来解决就业问题。如果你和我一样经常在世界上旅行,就会发现中国餐馆里的顾客最多,美国餐馆里的顾客相应少得多,欧洲餐馆生意就更加清淡。你就会明白,和民生有关的服务业,如果遭遇经济下行或者停滞,是不可能拉动起来的。现在美国接近零利率,欧洲和日本负利率,希望拉动消费和投资。为什么是负利率?是政府逼银行放贷。问题是即使政府加印钞票,但若银行看不到投资前景,不敢贷款出去,投资家也不敢投资实体经济，就会投资虚拟经济，玩金融游戏，觉得赌博可能还有赢的希望，投到实体经济基本上就打水漂了。美国越是经济不好，失业、精神抑郁、吸毒的人就越多，数以万计的人流浪在大城市无家可归。很多人其实完全没看懂，所谓高人均GDP、高收入的国家发展高端服务业，导致了美国的两极分化和中产阶级萎缩，解决不了就业问题。扩军备战政策又把中东和拉美的大批难民吸引到发达国家吃福利，实际上导致了提高最低工资、挤走制造业、发展所谓高端服务业的结果，最后架空实体经济，成为恶性循环。

我建议中国要吸取大萧条和美国、日本拯救金融危机的经验教训，采取更大胆的金融和财政的开放扩张政策，坚定推行产业政策，促进核心产业升级，先打赢国际竞争，最后才能提振国内市场的真实需求。只有在市场真实需求扩大、经济上行的情况下做长远的供给型改革，才有形成良性循环的可能。不扭转经济下行，讲产业升级没有可能。

回避不了的三角债

三角债是个复杂的问题，在20世纪90年代就出现了。甲企业欠乙企业，乙企业欠丙企业，丙企业又欠甲企业。然后出现非法集资、民间高利贷、拖欠农民工工资，等等。农民工辛辛苦苦干了很久，工资拿不着，一有问题老板就跑路。为什么会这样？

中国劳动力富余，为了解决吃饭问题，于是大批中小企业出现了。中小企业要生存，需要有自己的核心队伍，哪怕是一个施工队，如果没有核心技工把关，做出来的工程一定是"豆腐渣"。很多时候他们是没活儿接的，所以为了能够生存，能够先保障核心队伍的就业，但凡有工程外包，这些企业都会去抢。即使外包方明说没有现钱或者只能先付一部分，这些企业也会自己先去借，或者搞三角债。原因在于，如果发包的是地方政府，施工队业主相信地方政府不会倒台，只是一时缺乏财政拨款，就宁愿自己先垫付启动资金，然后等待付款。一旦换届或者资金链出了问题，就造成施工队拖欠原材料厂，原材料厂拖欠电力公司，企业老板拖欠税收或者逃避社会保障的责任。拖到最后不行了，大量农民工工资不能发，中小企业老板跑路，规则没法执行。

那么企业在还有生存希望、苦苦挣扎的时候怎么办呢？就借高利贷。这是金融监管的又一个错误。有的人相信芝加哥学派的利率市场化，允许利率自由浮动，以为可以促进资源优化分配，其实代价都落到了最辛苦、搞基建的中小企业和农民工身上，便宜了放高利贷的金融投机家。在宗教里面，伊斯兰教禁止放高利贷，基督教原则上也禁止放高利贷，最早的犹太教也规定不能对自己人放高利贷、不能收额外的利息，甚至每七年就实行一次早期的破产法，债务一取消就不存在国内流行的父债子还，更别说高利贷利滚利，导致债主雇用黑恶势力，收不回来就暴力解决。我曾经在国内媒体上见过一个案例，有人想要集资，就假冒他人名义从同事那里借了几十万现金，不经过银行转账，到要还账的时候就赖账说没拿到那么多钱。这种事情在发达国家很荒唐，但凡有点金融常识，就知道要抑制非法集资、非法高利贷，只需要立法制定规则，如所有的民间借贷交易，金额超过人民币一万块的，都必须经过银行转账，追债以银行转账记录为凭，这样就把欺诈的、逃税的、腐败的、洗钱的、赌博的等大面积非法交易堵在了一个窗口。打官司要根据银行的转账记录来明确债务关系，具体核算真实的年化利率，而非民间没有正式中介认可的集资方式，搞什么起会和利滚利等灰色金融。然后立一条法律明确民间借贷的合法范围，如年利率浮动最多只能是基准利率的上下15%，超过规定范围的15%即为非法。执行的时候只按照法定利率来计算，除了本金以及合理的利息，剩下的非法高利就直接吹掉，涉及数额巨大则应当判刑，否则无法遏制金融投机。

要想让中小企业大量存在以创造就业岗位，就一定得让它们有长期稳定的发展空间。我曾经提过建议，每个中小企业都应当学习日本经验，选一个主银行当"婆婆"，有了困难第一选择是找自己的"婆婆"救助。除此之外，日本模式还有一条重要的经验值得中国的大企业学习，就是日本的龙头企业不能拖欠和自己长期合作的小企业的债。龙头企业要做大，其实需要扶持很多提供配套服务的中小企业，因为很多零部件和配套的修理服务，大企业亲自做很不合算。大企业是一个生态系统,需要一批可靠、讲信用、有长期业务关系的中小企业支持。危机到来的时候,大企业要有信誉,以身作则,尽力不减扣他们的订单、不拖欠他们的工资,如此也可以维持队伍整体的稳定。如果龙头企业出了问题,银行救龙头企业也比直接救中小企业相对容易。如果龙头企业属于朝阳产业,有广大的市场空间,或者现在技术不算先进,但在亚非拉有市场,那么得到政府产业政策支持后,就能创造大量就业岗位。龙头企业一活,一大片中小企业就有活路了。中国目前的状况和日本相反,龙头企业拖欠中小企业,银行只敢给大企业贷款,这是中小企业危机时大量倒闭、失业压力甩给地方政府的主要原因。

回到一开始说的三角债,源头其实是财政管理的软约束。计划经济时代,软约束是因为产品供不应求,大家排长队购买。改革开放带来高速发展,但是没有理顺中央和地方的财政分担比例。各地的资源和发展目标不匹配,怎么办?各级地方政府就用各种非常规手段来招商引资,实际上靠透支地方政府信用来补财政预算的赤字,也是间接要求中央政府转移支付的办法。这些办法在西方国家看来是违规的,但像中国这样地区发展高度不平衡的大国,采用西方的公共财政制度非常不好执行,容忍部分地方财政赤字和账外的"小金库",就成为国内三角债的源头。不调整中央和地方的分税制，三角债就长期存在，影响金融市场的秩序。

处理三角债，我的建议很简单，必须央行牵头，设立几个区域的"三角债交换中心"，让各地的三角债有对冲的渠道，就可以化解多数三角债。最后的剩余债务，必须由央行和财政部处置。具体办法是让各地法人上报所有债务，报明本金、利息和用途，报明来源到底是谁欠的，是上游企业还是借的民间高利贷。在进行全面的三角债登记以后，可以在自愿的基础上进行交易，企业互欠的本金可以自动抵销。比如我欠甲一笔钱，乙又欠我，那可以直接把甲和乙的债务对销掉一部分，这就是一个简单的计算机操作。其他对冲不了的剩余债务，需要进行分类，如果是高利贷，就去掉部分非法利息，名义上的债务就会大量缩水。把三角债务问题解决好，才能真正稳定市场和人心，让愿意创业的民营企业家留在国内创业，让有资本、有技术、有项目的海外精英愿意把根留在国内。

我认为，再难的问题都可以用全国一盘棋的办法协作解决。只要看到问题，就有解决办法，而且任何方案都有可以改进的地方。只要让生产要素——无论是资本、土地还是劳力，现在又增加了数据、技术——有序流动到有发展前途的空间，中国经济增长的潜力、中国民生稳定的空间，就会远远超过发达国家。

水至清则无鱼

　　总有人说，生产要素市场要能够"增加活力""鼓励创新"，话是没错，但怎么操作是个问题。因为，活力难在兼顾创新和稳定。这是复杂系统的核心问题。新古典经济学只讲均衡的稳定性，不承认创新带来的系统不稳定性。

　　金融最大的问题，其实是短期投机和长期投资的矛盾。进入银行的存款是短期的，交易行为是短期的。口头教人做长期投资的各大财经媒体、产经新闻，大多只是玩概念，实际操作全是鼓励短期投机。然而，我们设立的发展目标却是长期的，尤其是供给侧的任何创新技术发明，也绝不可能一翻身就成功。所谓的活力，我的理解很简单，就是给短期投机留一定的空间，别把市场搞死了，就是"水至清则无鱼"。要是把所有漏洞全堵死，那创新也只能是零。当然，风浪来时也不能坐视不管。

目前我们在股票市场上打不过西方投机资本，尤其打不过美国主导的投机资本。怎么办？这游戏还能不能玩？能不能反败为胜，实现金融资本的有序流动？我认为也不难。我们固然不能动美国的游戏规则，但中国的游戏规则却无须和美国主导的国际规则接轨，只需要参考国际经验对规则做适合中国国情的修改。我出几招请大家讨论：

第一招，鼓励长期投资，抑制短期投机。

炒作几个盘子不大的股票或期货，造成大规模的市场波动，使其远超过实体经济供需的波动，这种炒作全都是短期行为。很多庄家是借钱炒作，就连索罗斯打垮英国央行的几百亿美元也是借来的，所以西方国家对付短期投机的办法，就是提高短期交易的借贷利率让投机成本增高，如提高隔夜拆借利率（Overnight Rate）或是国际市场上的伦敦同业拆借利率（London InterBank Offered Rate, LIBOR）。然而，提高利率是把"双刃剑"。国际投机资本攻击本国市场的时候，提高利率固然可以保住本国货币，但利率升高、经济下行也会导致股票大跌。如果大跌以后投机资本进来抄底，把本国蓝筹股都买去，金融大鳄依然是赚的，怎么办？国家基金或银行就只能自己入场托底。这样做同样风险巨大，因为如果国家银行托底买蓝筹股，3万亿美元外汇储备一个月就能输掉1万亿，相关领导就会被问责，国家银行就不敢再救市了，这是金融监管部门缺乏果断决心的原因。

那怎么办？我说过金融就是赌博坐庄，买卖股票、买卖债券，本质上都是赌博，无论股票是涨是跌，只要有人交易，庄家就能抽头。有很多人担心调高交易税会影响市场的成交量，调低交易税又会鼓励赌博、投机甚至坐庄，其实大可不必。我的策略就是对投机行为分别对待，只需要设计不同档位的交易税税率即可。如果投资者使用了沃伦·巴菲特的策略——购买并持有（Buy and Hold），长期持有股票5～10年，那么交易税应当是最低的；如果持有几个月或者一两年，投资者就需要上缴稍高的交易税；但如果仅持有几天，那就设置交易税高到他都不敢再去操作第二次。现在一大片对冲基金都是搞的高频交易，在几秒钟、几分钟里面就决定买和卖，搞得市场大起大落。这样一改变，可以在很大程度上抑制短期投机、鼓励长期投资。

第二招，用特殊金融的办法，化解赌博之风。

美国各个州都面临"政府要不要允许开赌场"的道德选择。一般大家都认为赌场是道德败坏，鼓励人不劳而获。

得克萨斯州信教的人比较多，原来也不允许在得州开赌场。隔壁的路易斯安那州就把赌场开到了得州边界，吸引大批得州人去赌博，狠赚了一笔。现在得州政府没钱了，就想着本来得州政府可以赚的钱，却白送给了路易斯安那州，不如政府或慈善组织发行彩票和开赌场，来增加财政收入。这个办法，我们可以研究。

民间赌博之风盛行是一个问题。农业机械化节省下来的劳动时间，农民不用来读书，也不学习，大多都用在了赌博上。上海郊区农民新村的农民告诉我，他分到几栋房子，因为赌博已经输掉一栋。更严重的，周边国家的赌场成为洗钱和贪腐的通道，还有大量投机资本不断涌入。如果有国内大民营企业和国有企业的高管拿大笔现金进行赌博交易，我认为必须将其列为反腐侦查对象。

马克思讲劳动创造价值，投机并不创造价值。现在要允许要素流动，就得把资本也算成分配要素，部分资本在很大程度上就是投机性的。如果要听从马克思的教导，怎么办呢？我就建议把民间赌博下的注，变成各行业协会的中长期发展基金。基金以彩票形式发售，价格随行业的业绩波动。作为政府，对不同行业的产业政策，可以依据行业间平均利润率的差别来调整税率和折旧率，缩小行业间的税后利润率的差距，有效防止金融挤出实体经济，短期行为挤出长期基础投资。基金经理只能在行业中选优，不能跨行业投机。信息透明，公开标明彩民投资的是哪个行业，基金是中期的还是长期的，彩民手里积累的财富在一定条件下可以变现。如果是中期基金，灵活性应该比较大，退出惩罚比较小，但是收益也低。如果是长期基金，提早退出损失就会比较大，坚持长期持有将来的收益就会比较高。这样一来，就把好赌的投机心理，变成投资基金有序流动，也为解决医疗、教育和养老问题提供除工资以外的第二条出路。

要建立这类投机性的基金交易所，类似于在国内设金融特区，发展一个澳门或者拉斯维加斯，我认为数量上不能多，应该选择建在内地生态良好但需要长期投资的贫困地区，最好还是在少数民族地区开设特区。当地的制度、生活习惯都可以和汉族地区有所不同，有条件放开的限制在特区都可以放开，以便吸引人才、吸引资本，肥水不流外人田。否则，周边国家赌场显现国人身影，严重损害中国人的形象，也不利于中国"一带一路"倡议获得当地居民的认同。这不仅是经济问题，也是政治问题和民间外交问题。

盘活房地产市场的一个思路

处理房地产泡沫是全世界的大难题。

世界各国多次发生房地产泡沫，一个非常重要的原因，就是混淆了房地产的双重属性。房地产的一重属性是人的基本权利——"衣食住行"之一。按当代的民生成本排下来，也许是"住教医行食衣"。大家现在穿衣不愁，吃饭问题也不大，但是住成了非常头疼的事。

政府只有对住房提供足够的保障，人民才可能安居乐业，社会才稳定。这部分房地产带有很大的社会福利性质，不应该鼓励市场投机和竞争。但另外，现在的货币实际上是信用货币，各国政府都有可能出现财政赤字、滥发钞票的情况，导致通货膨胀、资产贬值。于是带不走的土地，搬不动的房产，都成了资产保值的主要手段。这也是中国传统农业社会难以向工业社会过渡的一个重要原因。从官僚到工商资本家各个阶层，即使赚到钱也没有安全感，大都在乡下买地收租，把土地用来保值，而不是作为劳动创新的基础，所以才有了经济的长期停滞。

后来世界各国都认识到这个问题，土地是最基础、最有限的国家资产，高度分配不均会引发社会动乱，所以都在某种程度上进行了土地制度的改革。想要保值的人都去买房产，因为房和土地连在一起。但是不同以往，政府可以管制房产的用途或者是否建在农业用地上，不同的用途征收的房产税或者地税也不同，政府可以通过税收来调节产业结构。所以厘定房产税是重要问题。没有房产税，在发现实体经济赚钱越来越困难之后，大量的投机资本就会一股脑儿地涌向房地产，把房子作为投资而不是居住的对象。

然而这么多钱涌到房地产市场，能保值吗？能赚钱吗？不见得。美国20世纪50年代最繁荣的地方在东部纽约以及波士顿一带。第二次世界大战后，传统重工业在那一带繁荣起来，70年代，东部地价开始高涨，挤走了其他产业。核工业、电子工业、半导体、雷达等新兴产业就跑到了西岸的加州。等到90年代，西部硅谷把房价炒高，新兴科技企业只能又往南部跑，去了得克萨斯州还有其他中部、中南部的州。所以产业布局一改变，地价也会改变。原来的汽车城底特律，本以为都是可以保值、价位很高的房产，后来美国的汽车公司输给了日本和德国，以致大量工人失业、工厂关闭，最终房地产市场崩盘，很多房子1美元、10美元地出售。以为便宜买了，结果就是要缴房产税去填补地方财政窟窿。所以这资产可以说是负的，因为现金流是赔钱的。

20世纪80年代末，美国发生了储蓄和贷款银行危机。对中小房地产抵押贷款的银行和信用社，美国的处理办法是快刀斩乱麻，不是什么"保值增值"，而是"壮士断腕"，任其大面积破产，破产以后由政府接管，廉价拍卖，最后用到扶贫上，解决了社会问题。相比美国80年代末处理储蓄和贷款银行的危机，日本的思路就完全不一样，他们是"怕乱求稳"，想保护日本金融资产，反而拖累经济，导致金融资产大幅缩水，资本出走海外。结果日本的房地产泡沫拖了二三十年都未消化，连带着整个经济被拖至停滞。所以，处理金融危机不一定是绝对的坏事。金融市场有涨有跌，永远是几家欢乐几家愁，本质上是一个财产和资源再分配的问题。只有一小部分用于投资新兴产业做大，这才能够创造价值。剩下来的就是零和游戏，是资源财产再分配。如果再分配能减少贫富差距，鼓励投资创新，何乐而不为？不要屁股坐在既得利益一方，患得患失，拖累拖垮，全盘皆输。

要搞活金融市场就一定要让它有序流动。我近距离观察美国看得比较明白，美国处理房地产泡沫问题的方法，其实就和美国金融市场上处理垃圾债一样，拍卖或者债转股就完了。当年中国国有银行要上市，本来有大量坏账，西方不少经济学家都认为它们全该破产，没承想让投资银行的人一看，中国国有银行下面投资建设那么多的网点，本身就已经值不少钱，只要把坏账剥离出来冻结，卖给金融市场那些啃鸡肋的中小金融家，他们就有办法追回部分债务，还能开辟新市场，如金融担保公司。所以我现在提供一个方案供大家讨论，具体怎么操作，很多人是有经验的。

现在有了大数据，而且全国的土地理论上都属于国家，这让普遍的房地产登记实现起来更容易。目前已经在做这件事了，但我认为进程应该加快。我认为不光是城市的房产、农村的房地产，包括小产权房，也要登记在案，诸如每户有多少宅基地，有几栋房子，建筑面积如何，自留地是用来种作物还是实际上已经变成了商用地。城里也一样，房子产权归属在谁名下，目前是空置还是出租，出租是否合法，等等。这一点，西方国家有它们的经验。市政府里面需要设立专业部门来负责管理房地产评估。另外，还允许发展第三方的房地产评估中介公司。将来户主要进行房地产交易或者政府要收房产税的时候如何估价，政府有关部门或市场评估机构所出具的具有竞争性的报告就可以用来作为依据。城市房地产评估不要搞政府部门垄断，因为会产生新的腐败。在中国农村，应该重建乡村基层组织来做这件事，因为中国农村土地细碎，学西方搞产权交易，成本太高，得不偿失。我建议不仅要重新登记个人家庭的财产，也要重新登记集体和国有企业的财产，以后再说土地怎么调整和分配。总之，不能仅凭本人申报，要有城市中介和农村集体组织监督。我主张现在先做城乡统一的财产登记，尤其是不动产的登记，而且必须全国联网。

　　登记完之后，要留一段时间给大家来申报购买不动产的资金来源和用途。全国所有的城乡居民，包括在中国长期居住、购买了中国不动产的外国居民，都要申报自己的不动产购买于何时，全款或者银行贷款，以谁的名义，以及自有资金的来源，我认为这些都要申报。中国改革过程中政策不配套，给投机分子钻政策漏洞留下巨大套利空间。对政策套利的人，要抓大放小，鼓励创新，要留一条宽大转型的出路，对主动申报者给予免责或者降低惩罚力度，否则很多人就会瞒报甚至铤而走险。

掌握信息之后就可以计算出房地产的空置率，区分自住房产和投资房产，然后制定区域布局的发展政策，因地制宜地设置未来的房地产税率。一开始不公布具体数字，而是公开一个透明的政策调节方向，就是所有人都必须缴房地产税，用于将来的基础设施建设和公共服务[5]。在此基础上，要求个人如实申报在中国境内的所有房产信息，然后提供选择。

首先，保证居民自住的首套房子低税。自住的房子需要有个定义，如一年住六个月以上。如果是高科技区域要提供房子吸引外来人才，我认为最少得住三个月才能算是当地长期居民。这样就有条件保证居民的第一套房低税，但必须纳税。农业税哪怕是免了，农民也要缴名义税，1元或者10元。养成全民报税、纳税的习惯，相关部门才知道这人在不在，是不是住房空置浪费资源。有的官员不在其位或者去世了，还照样享受事业单位的分房，向上面要补贴，这是非常大的财政漏洞。

其次，如果有子女未成年，居民为其以后的教育、成家准备了第二套房，或者为自己养老等其他原因准备了第三套房，这类情况可以实行第二档和第三档税率，允许保留比自住房税率高的低税，但也同样不可以免除。因为越是用于教育、医疗和养老，越是需要地方政府的支持。这是西方福利制度无法持续的教训。中国资源贫乏,养不起高福利,地方政府必须有当地的税源,精打细算,而非坐等中央拨款。

最后,对有三套住宅以上的人的房产收累进的房产税。这样一来,任何人想要拿这些房产来保值、投机都不行,如此才可化解贫富差距、城乡对立、两极分化的问题。当然,在这里我讲的是普通住房,如果是商业房,所有者可以出租,允许竞争、竞价,这是另一套游戏规则,西方国家为了方便管理,严格区分居民区和商业区,相应的法律、税率都不同。

如果一个人占很多房,如何处理?如我之前建议,如果居民的房子是合法手段取得的,就把这些房产当成垃圾债券来处理就好。各级地方政府或者投资基金可以设立中期发展基金和长期发展基金。这些房产本来用于投资,后来变成了投机,现在被套牢了,那就可以用产权跟政府交换投资基金,自由选择中期或长期。如此操作过后一身轻,资金也盘活了。至于垃圾债券如何定价,因为目前的房价都是泡沫,将来收了房产税以后,房地产价格大概率会跌。房屋所有者现在只需要选择保留多少栋房产,哪些房产放到中期基金,哪些房产放到长期基金。等到收了房产税,市场震荡了一阵以后才能定差别税率,那时候就知道房产的实际价值、转换成投资基金的价格是多少。也就是说，债券先不做定价，一开始拿在手里的是股份，以后才能变成估值。各省市地区房地产泡沫的情况不一样，等到数据出来以后可以自主决定房地产转换的初始税率或者折扣率，目标就是要保证房地产投资的平均回报率不能超过实体经济平均利润率一定的幅度，如10%或者20%，高出的利率一定要用税收或者打折的途径压下去。这样，各级地方政府可以盘活房地产，被套牢的人的资金也有了出路，地方政府也可以调整产业结构，鼓励资本有序流动，也不用害怕房地产市场崩盘造成大规模社会动荡。当然，中国房产税何时实行，如何实行，要地方分头试验，中央统筹兼顾。这里只是我个人的一些建议。

最后还有一个建议，就是资本的流动、房地产的流动要和人口的流动相结合。原来所谓的胡焕庸线（爱辉—腾冲线）以东，百分之三十几的土地密集了百分之九十几的人口，以西广大的土地没有开发。内地留不住人才，知识分子往沿海跑，劳工往沿海跑，老人和子女留在农村老家，这个情形是不能持续的。鼓励资本、人才和劳力往内地和农村双向移动，鼓励城市居民下乡养老，城市中小学生定期下乡学农，才能保证小康社会的可持续发展。所以，中央在协调各个地方政府的房地产政策的时候，可以给一个定量的指导，针对不同地区出台不同的政策。我建议在爱辉—腾冲线以西的这些省和地区，可以适度放宽拥有房地产或者放宽保护私有产权的空间。更具体地说，对于爱辉—腾冲线以西未开发的土地，如果要进行生态建设，可以鼓励沿海居民、海外华裔购买土地，而且保证长时期的私有产权。但如果要开发变成非生态保护用地，要搞房地产或者搞旅游，那就一定要有所限制。但是在胡焕庸线以东，特别是现在要发展的长三角、珠三角地区，我认为要出台政策，商业用地只许出租不许买卖。租金就可以变成中国财政的主要来源，用来保证基本建设和社会保障，这要比收税的成本低得多。

照这个思路调整经济结构，我认为把中国房地产市场、土地市场盘活最多5年，不需要10年，更不需要像日本搞到20年以上。中国有社会主义优越性，处理房地产泡沫，只要思路对头，把市场搞活，定向有序流动，就可以兼顾供求。

用金融的办法引导行业有序竞争

在物理学中，电磁场是一个矢量，有三个电场分量和三个磁场分量；运动有三个坐标和三个速度；如果是波，也有频率、波长和传播速度。西方经济学最大的一个错误，就是从市场万能论走向了价格决定论。然而经济从来都不是一个标量场，并非价格一个因素就能决定一切资源分配。在大家熟悉的股票市场，除了股价，另一个影响股市波动的变量就是交易量。交易量大，说明市场预期的分歧大，做多（买进）和做空（卖出）的交易者博弈增加，预示市场未来不稳定。如果股价稳定，没有套利空间，市场交易量就不大。所以金融至少是个向量（矢量），要同时观察多个经济指标。

西方一般均衡理论的一个误区，就是以为市场完全竞争以后的平均利润率是零，或者起码要趋同。因为只有趋同，它们计算出的社会平均劳动时间、劳动价值、现金流的折现率才有意义。然而在现实生活中，如果考虑有新旧产业的竞争代谢，那各产业的利润率必定有巨大差别。按我的观察，政府没有观察和调控市场上不同产业的利润率，正是造成美国金融挤垮实体经济的问题所在。

理解这一点，首先要有新陈代谢的概念。在产业发展初期，不确定性非常大，很多有先进想法的企业在幼儿期就被掐死湮灭掉，这是非常常见的事。然后接下来为什么能进入高速成长期，肯定是因为市场规模发展得很快，才有可能获得大量资本的投资。至于利润高不高难说，企业拼的是市场规模。真正的高利润是在稳定期获得垄断利润以后。但到了衰老阶段，别说保持利润，很可能企业都要资不抵债、破产倒闭。

懂得这个过程你就会明白，经济学的误区在于不统计每一个行业的平均利润率，也不研究不同产业的生命周期，基础投资回收成本的时间当然比加工和服务业都长。只有了解了每个行业的平均利润率和生命周期，才知道这个行业里哪些企业是先进的，哪些企业是落后的，哪些企业有成长空间，哪些企业即将被淘汰。只一刀切地调控银行贷款利率，不调控各个产业的平均利润率，必然使金融业把财务危机转嫁给实体，使房地产行业的平均利润率和银行金融业的平均利润率远高于制造业，更高于高科技产业，才造成房地产暴利，投机异常激烈。所以，把加强行业有序竞争作为金融发展的方向刻不容缓。以下提几个方法仅供研究：

首先，要系统搜集各个产业、企业的利润状况，定期发表每个产业平均利润率的数据。美国纽约大学每年发表的行业利润率就对我了解世界情况非常有用。如果是做具体投资，参考它们的付费信息，我相信精确度和频率都会更高。比如要投资航空业，即便航空业再不景气，它们也能排出来谁是老大；钢铁工业再产能过剩，它们也可以更容易预测将来哪些企业能够生存。要指出的是，如果统计局要提供数据，那必须有地方政府对数据做监控。因为只要有统计，就会有利益机制去造假。地方政府要关心自己区域的发展方向，关心就业和财政收入，地方政府和有关金融部门就有利益机制配合统计局监督地方企业如实申报，当然就要包括企业的收入、支出，还有一定要考虑研发上的投入。各部门的数据也可以交叉检验，降低统计误差。

其次，差异化的税率调节比简单化的产业补贴政策更合理，足以应对国际贸易谈判的争议。如果只是直接给企业拨款立项，但又没有足够懂业务的人去监管款项的使用，这种简单化的产业政策，会成为造假空间的源头。如何解决？美欧金融最灵活，同时也是议会游说和政治腐败滋生的一个领域，它们采取的办法是调整税率，对要鼓励的行业降低税率，对要抑制的行业提高税率，这个办法完全可以借鉴。比如政府要扶植芯片产业，那就调查科研投入占总投入的比例，然后给科研投入的部分减税或加快折旧（比如，你盖一栋房子，计划的使用寿命总有几十年，但是你购买计算机，几年就过时必须更新。会计学上加速折旧，才能减轻高科技企业的税负，鼓励投资新设备，增强竞争力，而不是去搞房地产）。这样一来，只要把房地产和金融业的税后利润率调到低于实体经济，或者最多不能超过实体经济的10%，就能鼓励资本有序流动。这里有个前提，企业必须要有明确的主业。眼下国际竞争加剧，所有国家都鼓励各大企业回归主业，鼓励制造业回流，如果搞军工的国有企业去搞房地产、搞旅馆，当然就成问题。

另外，现在西方金融最致命的一个问题，就是当企业资金短缺想用股份做抵押贷款时，到底该按什么时候的股价来定企业的市值？很多企业的现金流中断，说到底就是因为这个问题。本来企业经营良好，因为经济下行、股价下跌，去银行贷款要抵押股份，但股份大幅缩水，以致本来好好的企业变成了坏企业。这实际上是由市场错误的游戏规则造成的。解决这个问题美国有个诀窍，就是修改会计细则。对于不同行业的企业，它们到银行贷款或抵押时，应该按照哪个时间段的股价来计算其价值？我认为只需要规定一个时间窗口就行。不同产业生命周期不同，对于投资时间长的项目，如能源、高铁，使用过去五年的平均股价；对于经营周期比较短的项目，如机械、纺织和家电，那就按过去两三年的业绩来计算市值。如果用眼下的股价给银行做抵押，那就是鼓励投机商发横财，把企业给掐死了。所以灵活掌握不同行业的会计规则，也可以平缓企业现金流的大幅波动。

最后，要支持民营企业生存、协助中小企业度过严冬，也可以出政策，合法化地给企业一个生存空间。就好比在经济形势好，可以自由进口国外粮食或猪肉的时候，把规定的存粮期限缩短，如只许一年或半年，要是想加速流动，甚至可以缩短到半年或三个月。而如果形势不好，如粮食大跌、油价大跌、矿石大跌，就多囤一点，攒着点力量，这样就真正做到藏物于民，而不是藏富于民。因为财富是虚的，一旦危机到来，万两黄金也买不来沙漠里救命的一滴水。所以现在世界各国都在拼命印钞，但最终一定会走回实体经济。实体经济就是毛主席讲的"手中有粮,心里不慌",邓小平讲的打仗就是打钢铁。纸上谈兵的经济学家认为要去过剩产能,要砍粮食、砍大豆、砍钢铁去发展高端服务业,疫情一来才明白,物质的生产和储备才是我们真正的底气。

05.
高收入的假象和小康社会的潜能

经济学测量引发的争议

　　世界银行和中国国务院发展研究中心合作，曾经出过一份报告叫"2030年的中国"。这份报告一出来，对中国经济决策产生了相当大的影响。报告里指出，中国未来的发展方向应该是努力迈进高收入社会。这高收入社会怎么实现呢？给出的策略就是要借鉴美国和西欧的一整套社会制度，包括私有化、福利社会、从低消费过渡到高消费等，当然还特别强调城市化。其中就提出来一个理论，叫"中等收入陷阱"。这个提法固然有计量经济学的数据支撑，但事实上它是没有坚实的理论依据的。它拿世界上200多个国家做线性回归，把人均GDP或者人均国民收入和其他指标进行对比，推断出一个看似从低收入向高收入发展的趋势，但与我观察到的情况正好相反。金融危机以后，如果再考虑这一次的新冠疫情，我观察到西方社会面临着严重的困境，发达国家面临的社会危机远比世界银行所谓的中等收入国家严重，所以我提出了一个相反的猜测——"高收入困境"。

那么，我们在讨论未来发展方向的时候，到底是应该模仿西方所谓高收入、高消费的社会，还是在摆脱贫困的基础上，发展有几千年传统的，并不需要有特别高收入的，更可持续、更有竞争力的小康社会？这个问题非常重要。所以，我们需要讨论经济学测量的问题，到底"高等收入"是不是就一定比"中等收入"更有利于国计民生？不说明这个问题，西方国家不知道怎么看待中国的崛起，中国也不知道如何评估自己的实力。

大家知道，现在美国的中央情报局还有国际货币基金组织，用什么来计算中国的GDP呢？不是官方汇率，而是购买力平价。购买力平价就是中国的实际购买力，它应该是官方汇率的一倍左右。如果按购买力平价计算经济规模的总量，中国现在已经是世界第一，美国排第二；但如果按官方汇率来计算，那就是美国第一，中国第二。所以，美国炒作"中国威胁论"，讲的就是经济总量上的"威胁"；

炒作印太战略，要拉印度来制衡中国，讲的也是印度经济的总量。但是另外，中国和印度都强调自己是发展中国家，对美国构不成威胁，理由就是人均GDP。中国的人口是美国的4倍多，一除人口，那美国的人均GDP就差不多是中国的4倍。所以很多人崇拜美国，对中国道路没有信心，主要依据就是人均GDP，甚至是人均的可支配收入。

而对中国和很多发展中国家来说，市场化的经济比例并没有很大。如果你是农民，家里有自留地，种菜养鸡，可以一部分自给自足，自己盖的房子也是不需要交租的，政府到现在为止也没有对农民的住房收房产税，这些都是构成基本生活的重要部分，但并不需要花钱。我的学生里面有好几个来自农村，我就问他们，父母在家生活到底需要花多少钱？他们说一个月500元左右就够。你马上就会明白，如果单讲收入，其实忽略掉了很大一部分农民自给自足经济里的隐形收入。表面看起来，如果用收入的钱数比较，中国农村和小城市居民的生活状况要比大城市的差很多。但如果用生活质量比较，实际上中国和美国一样，城市越大，居住地区越富，普通人的生活越艰难，因为生活成本都被主导当地经济的富人抬高了。这就是为什么亚当·斯密也不得不承认财富即权势，市场经济的主体并非等价交换，这才会出现科技越进步，贫富差距越大，大城市就业越难，生活成本越高。

只讲名义收入，不讲实际生活成本，是西方经济学和西方媒体矮化中国社会的主要武器，但它们在强调"中国威胁"时又承认和夸大了中国的竞争力。大家想一个基本问题，如果要创建一家企业或者组建一支军队，你是招聘富家子弟，还是穷人子弟？美国投行的回答很清楚：要的人是聪明且饥饿。这就不难明白，究竟是中国中等收入的老百姓有竞争力和发展前途，还是高收入的老百姓能应对危机的挑战。中国人的智慧是"生于忧患，死于安乐"。这个道理，放在经济学的案例里面，你如何做选择？要挤进富人区，当然你手上的钱多多益善，但如果你的人生目标是以弱胜强，可能你会先去艰苦的地方练硬功夫。天下没有唯一优化的选择，各人志向不同，将来前途各异。所以，观察不同国家的发展道路或者竞争优势，单单靠"数钱"来比较，是绝对不可靠的。现在美国的美联储、欧洲的央行，乃至世界各国，危机一来都在印钞票，印的钞票后面没有实物，没有黄金、白银或者粮食来做支撑，所以现在各国印的钞票其实都是印的白条。我们辛辛苦苦出口赚的外汇，攒的一大堆美元，最后都会像国民党当年发的金圆券一样变成废纸。以为拿钱就能衡量经济、衡量幸福和生活稳定的保障程度，实际上非常危险。

生活的改善一定源于高收入吗

中国人逢年过节喜欢相互道一声"恭喜发财",认为这是莫大的喜庆话。那问题就来了,财富从哪里来?实际上这个问题也是经济学互相矛盾的地方,就是它从来都没说清楚财富或者高收入打哪儿来。这个责任,我认为在很大程度上得算在亚当·斯密和新古典经济学头上。

我在《代谢增长论》里讲过亚当·斯密最基本的矛盾:他承认财富是权势,是 power。如果财富是 power,那市场上的竞争就是权势的竞争,尤其是围绕市场规模的竞争。看贸易战就明白,市场上根本不存在平等竞争。在多数情况下,市场上的交换也不可能是等价交换。如果是等价交换，今天这个社会应该是收入高度平均的，就不可能出现那么多有钱的大家族。现在人们真正抱怨的，实际上是贫富差距的不断扩大，新自由主义更是加剧了这一过程。

那这矛盾出在什么地方？怎么解？其实，如果读懂了亚当·斯密，就知道他给过一个启示。他说真正的问题在于商品的实际价值和在市场上的交换价值的差别。那差别在何处？实际的价值如何变成货币的价值？在新古典经济学的理论里，货币是客观中性的交易媒介，既不创造价值也不创造权势，似乎是平等的。但在观察过西方的金融系统之后就会发现，英国之所以能称霸世界，是因为掌握了货币的强权，掌握货币强权以后就能掌握定价权，掌握定价权以后，你就会发现世界上开始出现一些怪事。就如我们在某个小县城或者农村了解到的那样，一栋100平方米左右的小产权房子，造价10万~20万元，四周有树有河，卖出去可能也就30万~50万元。但如果同样的居住环境，换到大城市的富人区，房价立马就涨到上千万都不止。北京大学在20世纪90年代分给我的教工宿舍也是如此，那是在北京大学附近的一套三室一厅，实际使用面积也就60多平方米。在没有搞市场化改革以前，一个月的房租不到10元。后来实行市场价格，在我退休那年，同等房屋的租金已经涨到每月4000元了。但如果在北京郊区，同样的居住条件，租金反而便宜得多，这是怎么回事？这就是我讲的"市场的权势"（market power）。有钱有势的人聚居一处，他们的高收入和超强的消费能力抬高了周边所有商品的基础价格，包括房地产。但是住在附近的普通老百姓和一般公务员的工资收入却增长得很慢，于是造就了不平等交易，形成世界上诸多畸形的市场。有人说这畸形的市场可以最合理地分配社会资源，但看看现实，中国仅用4万亿元人民币投资基础建设就把高铁修起来了，美国却连城市交通道路都不愿意花钱维修，宁愿花几十万亿美元投机到金融衍生品市场搞垮金融市场。所以，说市场经济能够最优地分配资源，这是西方新古典经济学的一个神话。

很多人迷信市场经济一个非常重要的理由，就是中国改革开放这几十年来，老百姓的物质生活有非常大的改善，这是不是市场经济带来的结果？我认为不一定，有的国家可以说是，更多的国家不是。同样是开放，以前的苏联东欧国家的经济大幅滑落，拉美的经济一会儿涨一会儿跌，整个趋势是社会贫富差距越来越大。所以开放市场经济导致的富裕只是中国的奇迹，并不是世界的普遍现象。迷信的源头在于对市场的功能没能理解全面。

古典经济学强调市场的交换功能。交换到底是平等的还是不平等的？交易双方是对等的还是不对等的？如果说是对等的，就是新古典经济学的空想资本主义乌托邦，根本不可能存在持续的贫困和持续的富裕，所以政府什么都不用干预。这时候马克思经济学就进来，看到的市场是什么样呢？它认为市场起到一个再分配的作用，而这个再分配是不公平的、不对等的。所以马克思经济学强调剩余价值理论，实际上是想用政府干预、再次分配的办法，来解决市场交换的不公平。现在西方左、右两派争论的哲学立场，如果是赞成社会民主党或者工党，就强调马克思哲学，讲马克思经济学的那一面，认为市场的分配功能有问题，有产权者利用产权剥削工人的剩余价值；另一边则认为市场经济天生合理，只强调市场的交易功能，最典型的代表除了新古典微观经济学以外，还有罗纳德·科斯（Ronald H.Coase）的交易成本理论（Transaction Cost Theory），认为如果交易成本是零，所有社会问题都将不复存在。但有一个市场功能被这两派人都忽略了，就是市场的竞争功能。市场是一个竞争的战场，熊彼特率先看到了这件事。而且熊彼特非常有意思，他提出的企业家精神和很多人宣传的企业家精神完全是两码事儿。很多人讲的企业家精神，似乎是说所有的资本家，甭管他是私营的、集体的还是国营的，只要创造了财富，就通通都是企业家。熊彼特看法相反，他看到的企业家其实和我看到的科学家是一个样，他们冒着很大的风险进行发明创造，多数都会"牺牲"，所以有极大可能享受不到自己的事业成果，而他们的精神却促进了产业的新陈代谢，造就了经济的周期波动。波动的结果，熊彼特认为是创造性毁灭的结果，是走向社会主义的第三条道路[1]。市场竞争促进了技术的新陈代谢，技术的新陈代谢也降低了很多现代化产品的成本。跨国公司起初进到中国，汽车卖得异常昂贵。后来民营企业参与竞争，汽车降价，本来只有少数富有居民才能消费得起的产品，现在不少农民也能买得起。所以，普通老百姓的生活质量得以改善，可以说是市场竞争促使技术进步、技术进步促使成本下降的结果。现在经济学最大的问题，我觉得是没有分清哪些是技术进步带来的社会福利和生活质量的改善，哪些是收入增加带来的贫富差距的扩大，误以为高收入一定等于高福利和高生活质量，这是一个幻想，是经济学家深陷其中的一个误区。

我建议，咱们中国老百姓见面不要再"恭喜发财"，因为如果人人都发财，那其实人人都不能发财，发财永远是相对的。让一部分人先富起来，其实说得很现实，实际上是容忍了差距，促进了竞争，这样才能提高全社会的技术水平，改善多数人的物质生活。后来的问题是没有及时收财产税、房产税和遗产税，贫富差距难以避免。城市郊区农民寻租内地打工的农民，沿海大城市的房地产泡沫使外来大学生就业成家非常困难，就可能是遏制竞争了。所以，我们要改"恭喜发财"为"恭喜进步"。每个人的学问可以进步，技术可以进步，生活品质可以改善，这都是进步，但进步的结果是大家都进步，还是差距急剧加大，这是不一样的。

高收入从哪里来

高收入从哪里来？如果按人均 GDP 或者人均国民收入来做收入排名，从美国中央情报局的世界概况数据中或许能看出几个简单的规律。

排位最靠前的国家和地区，首先是开赌场的，包括一些欧洲国家。开赌场的本都是有钱人，财富高度集中，外加开赌场是坐在庄上，甭管谁输谁赢，他们总是赚的，所以最富有的总是开赌场的小国或者小的区域。当然，经济萧条的时候赌场没人去，赔也是有可能的。

其次，拥有巨额自然资源的小国也名列前茅。最高的是卡塔尔，然后是阿联酋，国土面积大一点的是沙特阿拉伯。拥有海洋石油资源的挪威实际上也非常富有。一个问题是，资源的分布永远都是不平均的。俄罗斯和美国也一样，偌大的国家，资源永远集中在很少的地方。加利福尼亚州富有，全是因为当年发现了金矿，"旧金山"这个称呼就是这么来的。加州的金矿挖光了，得克萨斯州又采出了石油，所以得州也富裕起来。为什么富起来的西方国家都想要独立呢，一个重要原因就是不愿意缴税。所以，大家就可以明白，从马来西亚退出独立后，新加坡致富的容易程度就已经绝对超过比它大得多的马来西亚了，再加上地缘政治的优势，也成为新加坡的有利资源。更别提那些有垄断自然资源的小国，自然资源总是集中在非常小的地方，如果拥有小地方的排外产权，不让别人分享，那当然就能成为巨富。

最后，是垄断。现在美国强大在什么地方？美国的强大是因为占据着军火工业、半导体等高科技工业的垄断地位。垄断地位没有竞争对手，价格就不可能是竞争的价格，利润就很大。其他国家想要进去分一杯羹，打不破垄断也可能血本无归。所以，认为在市场竞争下，高科技就一定带来高收入、高利润，这是一个非常大的误区。如果高科技没有垄断利润，实际利润可能还比不上开餐馆的。这也是为什么美国要全力打压华为和抖音，原因就是二者的技术或者算法突破了原来美国企业的垄断，使其利润暴跌。这里我们要明白一件事，就是西方国家所有的高收入都建立在行业垄断的基础之上。

行业垄断如何实现？有几条规则：

第一条是技术真的先进。第二条是技术不先进，但市场份额足够大。当年微软的操作系统比苹果和IBM都要差，但因为市场份额大，微软掌握了定价权，使得更先进的技术不但进不来，反而还有破产出局的可能。第三条就是制定标准。双方竞争，一方靠着市场垄断地位或者国家支持，能将己方制定为技术标准，便足以让竞争对手出局。这就是为什么美国的5G技术落后了，还想保持5G技术标准的垄断权力。第四条就是所谓的高端服务业。什么叫"高端服务业"？大伙儿首先想到的就是金融和奢侈品。比如一个手提包，在法国设计，在中国制造，包装过后进入高档品牌的专门分销店，可以卖到上千美元甚至更高的价格，利润远远超过制造业。西方创造名牌和所谓的高档消费，宣传是身份的标志，实际上是统治阶级用权力制造出来的财富幻象，借此来收取垄断利润，宰的就是想要攀比权势做富贵梦，想要短时间体会一下帝王生活怎么过的人。美国有一个叫凡勃仑（Thorstein B. Veblen）的演化经济学家，他对西方所谓的高收入社会有一个经济学描述叫"炫耀消费"，用我们的话来说，就是用奢侈浮华来显耀自己的财富，这个财富显示的并不是背后真正的价值，而是你拥有的权力。正因为这一条，到欧洲、日本、美国旅游的大批新富才出手阔绰。当年我到美国，身上只有中国科学院从中国银行借的5美元，让我在巴黎转机付小费。就这5美元我还没敢全花光，留两美元到了华盛顿。我们第一代留学生都是如此。现在亚洲学生到美国留学，带几千、几万美元是家常便饭，有的家庭还让子女开豪车去上学，甚至开赛车在得州的高速路上飙车，不少炫富的土豪子女成为被抢劫勒索甚至绑架的对象。

以上就是高收入的若干来源。中国14亿人都能达到高收入吗？不可能！让14亿人都去炫耀消费，那全世界的经济就都垮掉了。中国的人口是美国的4倍，美国的能源消费量，仅看电力也是中国的4倍，如果中国要达到美国这样奢侈的能源消费量，那全世界70%的能源都让中国耗光了，其他发达国家就只能沦为中等收入国家，甚至是不发达国家，这是西方对中国崛起恐惧的心理因素。

那么还有其他走向高收入的道路吗？世界银行说有，城市化和土地私有化能创造规模经济，只要给农民户口和社保，把他们都赶进城，多数人就能实现富裕。我认为这条道路行不通，也不可能。如果城市化发展过快，城市里面吸收不了过剩的劳动力，就只有两条出路：

　　一条是土地集体所有制，让过剩劳动力回乡，保证基本生存再求发展。希腊就是所谓的高收入国家，金融危机之后，欧盟拒绝让它赖债，也拒绝给它无条件贷款，希腊只好裁减福利社会的开支，让大批公务员下岗，最后解决失业问题的办法跟许多国家在困难时期一样，就是城里人下乡。我建议大家都去读温铁军的《八次危机：中国的真实经验1949—2009》，任何社会，只要产生动荡和危机，最后的"蓄水池"全是农村。另一条是土地私有化，这也是西方的路，土地被少数大地主或者大资本控制，过剩劳动力只能待在城市贫民窟。美国城市化程度很高，甚至干脆把贫民从这个城市赶到另外的城市。西方模式的现代化靠机器取代人力，进行规模生产，失地的农民和失业的工人越来越多。如果连大学生都失业，那这些学生就得造反，这就是今天全世界发生动乱的原因。

　　经过这次新冠疫情，我们需要反思的，就是全世界的所有国家，无论是发展中国家还是发达国家，市场经济还是计划经济，都不可能靠现在这种消耗资源、节省劳力的工业生产或者农业生产来解决就业问题。所以，为什么我认为中国道路能够发展出来多样化的范围经济[2]？为什么小农经济新一轮的现代化会比西方有生命力？就是因为中国小农经济既节省资源又吸收劳动力，而且现在的劳动力已经不光是脸朝黄土背朝天的体力劳动者，现在的高科技制造业或者软件业，将来包括卫生、医药甚至教育，都会变成越来越劳力密集的产业，脑力劳动的程度会越来越高。当然，体力劳动也不能废弃。未来再有金融危机、疫情，甚至天灾、战争等危机，就是要回归到基本生存，我相信农村出来的青年有更大的生存能力。

这次美国新冠疫情最严重的地方，就是人口密集的国际化大都市，如纽约、洛杉矶、旧金山、西雅图和芝加哥，大批高端就业人口从大城市向新兴高科技的中小城市和生态良好的地区移动，这导致大城市房地产跌价，而有发展潜力的中小城市的房价大增，大批高科技和服务业的员工利用网络工作，也不必开车长距离上班。所以财富的增长和衰落，并不取决于收入和消费水平，而是取决于所在地区的产业竞争能力。若是现在有人还抱着刘姥姥初进大观园的念头，觉得荣国府了不起，想要沾点富人权贵的光，那就是被西方忽悠了，上了世界银行中等收入陷阱的当。

"国泰民安"还是"国强民富"

在西方入侵以前,无论是儒家、道家还是墨家,方法虽各不相同,但追求的社会理想实际上是一致的,就是对外能够抵御游牧民族的入侵,对内能够应付不断发生的水旱灾害。以前,入侵的游牧民族来自北方草原,鸦片战争以后,入侵的游牧民族变成了从海上来,其实就是海盗。中国山多地少,讲究精耕细作,加之要养兵抵御外敌,于是很早就开始鼓励生育。人口增长的一个后果就是毁林开荒,反过来又加重了水旱灾害。所以,除了修长城和在边防屯田,历代王朝还有一个重要的内政举措就是兴修水利。在这样的情况下,文明内部的统一保持了两千年左右,虽然不断有周期性的外敌入侵和改朝换代，但中国经济没有像近代工业革命那样，出现爆发式的高速增长、大规模扩张和资源掠夺。中国幅员辽阔，养活了大量人口，老百姓追求的不是发财致富，而是安居乐业。中国要统一稳定，也不可能像西方殖民主义者一样在几十年甚至上百年时间里就扩张地域数倍。中国的北边是干旱的草原，西边是沙漠，南边是喜马拉雅山及热带森林，都是不容易开垦的土地，若将这些土地开垦出来，那得经过很多代人几百年的努力。

中国这一稳定的特点，我将其概括为"国泰民安"，这也可以用来描写中国文明的模式。而海洋文明国家的特点，我把它概括为"国强民富"，此话怎讲？

亚当·斯密写的《国富论》其实是误导，国家的富裕不可能单靠劳动分工维持，认为资本主义市场交换能达到全民富裕，这只是乌托邦的想象，从历史来看，这更是一个谎言。这个谎言真正要掩盖的，就是财富源于权势，先"国强"占领资源分配的决定权，才有可能造就一小部分人的"民富"。如此大家就会明白，"看不见的手"是无法成立的。因为"国强"首先要有强大的军队，对全球化而言最重要的就是海军。海军能够称霸的重要原因是技术先进，技术先进要求巨大的金融投资。和陆权国家相比，海权国家有一个重要的发明，就是设立中央银行向有钱人发债，让他们相信发债是为了打仗、建殖民地，能够得到丰厚的回报。所以在西方海权国家，海军和金融的强权是相互依赖、相互支撑的，只要有一方塌陷，海军打败或者金融出问题，"国强"就面临瓦解，"民富"也就成为昙花一现[3]。

所以我们讨论未来的发展方向，到底是应该效法西方实行"国强民富"，发展所谓的高收入、高消费社会，还是应该实行"国泰民安"发展有几千年传统的小康社会？我们讨论的是这么一个大问题。选择"国泰民安"，如果不破坏生态，那可以持续发展。选择"国强民富"，如果不断打仗把未来的资源耗尽，即使一段时间看上去嚣张强大，可以控制世界，但实际上富起来就一定会"富而骄，骄而堕"，后代失去竞争力，"君子之泽，五世而斩"[4]，"国强"也就无以为继，这是一条历史的脉络。

那么在经济学上如何解释呢？很简单，如果追求"国泰民安"，那我们就要尽可能多地鼓励中小企业的发展，让它们接近完全竞争，以使其中没有任何一家企业能够主导控制商品的定价权，用经济学的话来讲，也就是使产品的利润率趋近于零。但在现实生活中，利润率当然不可能为零，而是在一个行业里有一个大家公认的可以生存的平均利润率，新加入的企业就得比已经站稳脚跟的企业利润率低一点。中国的中小企业特别多,谁都没有定价权可以获得暴利,所以都不容易。中国餐馆的厨师和服务员比西方的累得多,工资也更低,但中国餐馆里的人流是不断的,中国富起来以后,百姓都愿意上餐馆吃饭。这是一个很有趣的现象,中国的繁荣是中小企业的繁荣,没有或者少有巨富,原因就是平均利润率是低的。这也是为什么中国经济比西方经济稳定的一个原因。

反过来看西方国家,尤其是美国,几乎所有行业都只剩下几家大的垄断企业,还都是全国连锁型企业。这种垄断企业的利润率要比中国和东南亚的中小企业高得多,代价就是创造的就业也要少得多(美欧老百姓去餐馆的频率也比中国人少得多)。有人想学西方模式做高科技,我讲过,除非能获得垄断地位有高利润率,那的确能够养活部分高工资的科技人员和管理人员,但如果失败,巨额投入只会血本无归。还别说高科技,就是换成美国的大农场,如果要承包或者并购上千甚至上万亩的土地,生产出来的粮食也好,蔬菜也好,或者养的牛和猪也好,一旦卖不出去,那也是血本无归的。规模经济确实会提高生产效率,但同时也会增加营销风险。西方不断发生的经济危机、金融危机,源头都是规模经济的危机[5]。

很多人误以为只要科技先进,垄断就可以长久维持,这也是源自经济学里一个看似有理实则无理的理论，就是罗默（Paul M.Romer）的"内生增长理论"。罗默以为资本是可以积累的，因为知识可以积累，所以早先富起来的人能永远维持垄断的地位。这在现实生活中是不成立的，追逐高利润就要面临巨大的风险，因为新技术迟早会取代旧技术，产业会新陈代谢，已有的垄断一旦被打破，原来投资的知识资本或者产业资本就会灰飞烟灭。当然，如果统治地位有幸能维持，能将垄断利润用以投资研发，用以发放高额福利留住人才，那也有长久保持竞争力的可能。但美国最大的败笔，恰恰在于企业或者国家的目标是维护少数大股东的利益，而不管企业或者国家的前途。他们怎么做呢？就是许诺给现在授权的高管一个大的期权红包，如果高管在任内能让公司的股价翻倍，就能拿到这个比他10年、20年挣的工资还要多几倍甚至几十倍的大红包。在这样的激励机制下，企业赚来的垄断利润就不会用于投资研发，也不会用来改善员工福利，而是把它分红、炒高股票，高管拿了大红包走人，下一任接班的CEO就倒了大霉。我们由此就明白，美国所谓的高端金融市场，其实就是用了不同的激励机制。激励机制是为了保护少数股东的短期利益，还是为了保持长久竞争力创建百年企业，两者实行的公司战略完全不同，导致的国家兴衰结果也不一样。

不少人迷信美国模式，认为诸如金融之类的高端服务业，能够既实现"国强"又实现"民富"，其实都只是幻影。第二次世界大战以后，美国大玩美元和金融游戏，让钱赚起来很容易，美国人买任何东西都比发展中国家便宜。老百姓玩得娇气，干活要依靠外来移民，还要依靠雇佣军发动战争来打击竞争者，维持美元霸权。但是时间长了以后，美国军人转业回国找不到就业机会，年轻人的学费越来越贵，医疗越来越没有保障，女性不愿意生孩子，试问未来怎么招兵？美国模式可以在短时间内造成"国强"和少数人的巨富，但是这样的"国强"是不能持续的。高利润总是吸引竞争者取而代之，垄断地位很快就会被打破，如果试图通过不断"宣战"以捍卫垄断地位，那国力消耗殆尽，最终也是要衰败的。

关于中国未来的方向，如果发展的目标不是可持续的绿色生态经济，而是继续采用传统的粗放经济模式，以为搞所谓的高端服务业可以实现全体"民富"，后果就会和美国一样，实业被架空，资源被浪费。通过这次新冠疫情我们就可以看到，无家可归的人就住在美国高速公路的大桥底下，还有不少高端服务业的失业人群开着奔驰、宝马去领免费食品，原因就是高端服务业在危机时期远比低端服务业更脆弱。疫情下，生活必需品的供应和机场医疗治安的服务必须维持，但旅游、航空和高端旅馆的生意断崖式下跌。试问这样的国际化大城市、这样的高收入，怎么可能持续？在经济学里，这是垄断竞争还是完全竞争的问题。"国泰民安"是要支持多数中小企业保持活力以支持社会可持续发展。当然，要对抗外敌，也需要保护少数的高科技企业能够打硬仗，否则"国泰"没有办法保证。国家先要稳定，才能有老百姓的安居乐业。但是反过来，如果国家是为一小撮金融寡头服务，要靠"国强"来保持少数人的"民富"，这是不可持续的。

罗马尼亚的启示

我查了数据，发现世界银行真的很会用数据来玩政治。在"2030年的中国"[6]报告里，世界银行讲中等收入陷阱，吹嘘东欧"休克疗法"的成就，把高收入国家的下限划在俄罗斯，把中国划在中等收入偏上的国家，意思就是告诉中国人，俄罗斯经过那么大的衰退，现在还是高收入国家，中国人应该走俄罗斯的道路。但这份报告里，没把美国的对手放在高收入国家里头，比如老想加入欧盟的土耳其。到了2019年，世界银行的分类又大有不同。它下调了高收入国家的门槛，原来在高收入国家里最私有化的阿根廷，遭遇金融危机出局了。俄罗斯原来也属于高收入国家，但因为油价下跌，又被排挤出去。把谁拉进来了呢？把土耳其和罗马尼亚拉进来了。拉进土耳其是为了在政治上安抚它。而罗马尼亚原来是东欧最穷的国家之一，现在竟然也进入了高收入国家行列。我相信把罗马尼亚作为高人权增长的典型，一些自由派学者会非常高兴。但是发生债务危机的希腊，却一直在高收入国家里面，根本没有调出高收入国家的可能性。原因是希腊的战略地位。如果希腊投向中国、俄罗斯，甚至伊斯兰国家，北约就无法控制地中海。"二战"结束时，丘吉尔宁愿牺牲波兰来交换苏联支持的希腊反法西斯的共产党政权，就是海权国家的战略眼光。所以经济话语权由美国控制的世界银行掌握着，高收入和中等收入的标准，实际上是为西方发达国家的政治目的服务的。

不过话说回来，照世界银行的新标准，高收入国家的最低标准现在大致就划在罗马尼亚的水平上，也就是人均GDP24000美元左右，中国到底还差多远呢？

阿根廷我没去过，但两年前我刚好去过罗马尼亚和土耳其，这两个国家的外贸经常账户（Current Account）都是赤字。它们各自都有一点工业，但没一个能跟中国竞争，基础设施更是没法比，国防上也没有和西方独立竞争的能力。所以，要说罗马尼亚和土耳其的发展水平比中国高，我根本不相信。而且有意思的是,希腊国有制的比例,也就是政府部门(这里是政府与福利开支)在 GDP 里面占的比例大到 40%,超过中国,但在金融危机时期就业没办法解决,连所谓的"铁饭碗"公务员都大量裁减。所以,要讲国企改革、政府改革,希腊的难度要比中国大得多,然而它还能保持高收入,是什么原因呢?我从罗马尼亚之行中得到了启示。

罗马尼亚经济萧条,欧洲各地的流浪汉和吉卜赛人大都来自那里。欧洲游船上做低端服务业的很多也是罗马尼亚的大学生。罗马尼亚首都布加勒斯特,现在除了教堂以外几乎没有任何新的建筑,大部分辉煌的政府建筑都是尼古拉·齐奥塞斯库(Nicolae Ceausescu)时代留下的,所以,说罗马尼亚是高收入国家,实在有点像个笑话。但是有一点,在希腊的经济发展里,旅游业占了 20%,土耳其历史古迹丰富,旅游业所占比例也相当大,罗马尼亚位于多瑙河下游,生态环境良好,所以游客也很多。布加勒斯特的大学生在城里找不到工作,就到乡村酒店去当服务员。这和将来中国的情况应该非常相似,就是农村青年都到城里打工赚钱,有能力的大学生反倒下乡开民宿、做服务业。

中国的旅游业这些年也蓬勃发展,大批百姓都有在节假日出游的经历。虽然上海地区的下岗工资也就3000元人民币一个月，成都应该还少一点，2000多人民币的水平，但这些人中也有很多人会去城市周边的农家乐。我询问了农家乐的消费水平，一天连吃带住100元人民币，就算住一个月，3000元人民币也就搞定了，这是中国国企下岗工人都能享受到的服务。所以如果把农民农家乐的收入算进去，把自留地里自产自销的蔬菜粮食算进去，把自家房子等价的房租收入算进去，再加上如果农民在县城里面还有房子租出去有所谓的财产性收入……如果把这些通通都算进去，我认为中国现在就已经或者即将进入世界银行规定的高收入国家的行列了。

现在好些经济学家应对美国围堵的思路，是要学美国的减税传统刺激消费、搞自由贸易区、减少关税壁垒、鼓励高消费……我告诉大家，这些路都很难走下去。新冠疫情来临，全世界都有可能面临长达10年以上的大萧条，西方的高消费现在直线坍塌，就业成了严重问题。假如基本生活保障也会成问题，大批农民工回乡了可以生存，但城里面那些失业青年怎么办呢？如果不下乡，不到小城市去创造就业，单给他们发钱搞消费吗？不行的。所以，中国面临的不是拉动消费，尤其不能发展高端服务业，而是要实行新的财政政策，鼓励政府和民间进行长远投资，除了现在大家看到的新基建，我认为还应该投资全民教育，很多在国外恶性竞争的民营企业面临生存困难，也应该回来总结经验。

06.

金融信息的扭曲和
GDP 测量的问题

前面我已经讲过，金融战就是信息战。美国主导的全球金融市场存在大量的扭曲信息，目的是保持美国极不合理的金融强权，其中就包括金融市场的话语权。中国金融在和国际接轨时，不理解金融市场不平等竞争的实质，盲目跟随美国教科书经济学和主流经济学家、金融学家的话语，吃了不少亏而不自知。这次贸易战和金融战让我们从战争中学习战争，我们在此来深入讨论一下金融信息扭曲的问题。

金融信息的扭曲有几个源头：

一、为了融资或借债，上市公司存在利益机制发布扭曲的公司信息，包括夸大业绩或贬低竞争对手，以及逃避法律监管等。金融媒体亦存在利益机制投放虚假广告以牟利。而西方主导的媒体和评级机构存在的系统偏见，更会全面扭曲金融市场信息。

二、监管部门本身的体制缺陷，比如制定的信息披露标准脱离实际，或理想主义，比如要求的季度、年度指标不利于企业的稳定运行，等等。也包括不合理的风险控制指标，要求终身责任制，或者零坏账，结果导致中小企业贷款难，企业现金流中断，失业率增加，市场不景气，加大企业运行成本，反而推高金融风险。风险管理必须适度，给各级管理人员必要的弹性和应变空间。毛泽东打仗授权前线指挥员当机立断，而蒋介石老是越级指挥。历史上谁更高明？

三、国际地缘政治的干预，如国际货币基金组织和世界银行在内的国际金融机构，都直接或者间接受美国和西方发达国家控制，制定的法规和政策都意在保护发达国家的利益。

四、美国主导的"颜色革命"，系统性地支持各国内部的矛盾，造成这些国家内部的不稳定性，以控制所在国家的政治和经济利益。之前的香港动乱和新疆反恐形势，清楚地表明世界不是平静的，国外的干预、插手，在全球化时代没有平息。

以上种种，都促使经济学家要理解经济、政治的不可分割。现有的经济学、金融学理论，和国际通行的经济统计标准和方法，都存在严重问题。中国学者传统的拿来主义、折中主义，急功近利的学风必须改变，我们的金融讲座也要走出象牙塔，与时俱进。

经济学理论和实际脱节的原因探讨

有个关于本人的段子最近在网络上流传,说什么呢,指责我的经济观察是"反美是工作,在美是生活"。我可没精力去查证始作俑者,但"亚洲自由电台"和"大纪元"的推波助澜,的确让这条可笑的标语在聚光灯下多蹦跶了15秒。他们抓住的话题,是两年前中美贸易战开始之时,我在清华的一个讲演,批评美国泥足深陷的"高收入社会"困境,较中国所谓的"中等收入陷阱"大为严重。我于讲演之中谈起个人的观察,即我在上海郊区的生活开支,比在美国大城市洛杉矶的生活成本低得多。

在中国,我大多数时候都住在上海郊区的农民新村。

首先，上海市公共交通发达，我无须自驾出行。生活成本低，我一个人生活每月支出不到2000元人民币。而在洛杉矶，单单一套两间房的公寓，月租就2000美元~3000美元，加上公共交通落后，4000美元仅能满足基本生活住行，以致美国几乎人人负债，没有储蓄，一旦遭遇金融危机和生态危机，整个社会就陷于混乱。互联网上流传着一个说法，认为中国人民的生活比美国人民差得多，而完全不理解美国发生暴乱的地方，都是拥有高收入的大城市。我以自己的生活经历，以及四十多个国家的参访经历为依据，质疑了西方估算的购买力平价，我认为人民币真实的购买力比世界银行和国际货币基金测算的高得多。

老顽童今年77岁，讲学加游历去过六大洲四十多个国家。富贵场面出席过比利时国王的国宴、金融大鳄索罗斯的家宴、普里戈金获得本田生态技术奖时20万美元一场的豪宴，也住过金融中心摩天楼上千美元一晚的套间，见识过迪拜到处金光闪闪的所谓七星级酒店。如果讲空气清新，人情真挚，西方的奢侈浮华，纸醉金迷，哪里比得上我在四川眉山当铁路工人的真情岁月。在只有两三股道的偏僻火车站，我五年间工余读过的科学杂志、百科全书，比北大教书约二十年读的文献还多。我当年和只有小学文化的学徒工一起，周末上山采蘑菇，下田抓黄鳝，还和铁路文工团的姑娘与志愿军老战士一起高歌共舞。大自然的快乐和工农的生活，远胜西方的电子游戏和赌场作乐。如果中国政策鼓励农村建设对城市居民开放，在中国山清水秀的农村，有几间平房，外加几分园地，可以种菜养羊，和老农与小孩子交朋友，还能接待远方的学人知音共享新桃源之乐，这样的日子比住在海边的千万别墅和超大城市的亿万层楼里幸福得多，也比面对贵族老人院里暮气沉沉的病友更能延长生命的活力。

我的父亲受过西医的专业训练，我的岳父是自学成才的劳模和业余中医，我自己的人生经历，让我一个理科中学、理科大学、理科研究生毕业，全盘西化的科学家，在古稀之年最终承认中医的生活方式比西医的分析科学更有人性。我生于日本飞机轰炸下的重庆郊区，母亲没有足够的奶水，我从小体弱多病。我的最高体重120斤，竟然是我于1964年在北方农村工作劳动时创下的纪录。相比到美国留学后不正常的西方生活方式，我在1980年出国前的健康状况要好得多。如今我虽然100斤不到，退休十几年还能坚持前沿研究，全靠回归《黄帝内经》提倡的"天人合一"的生活方式，早起早睡，吃五谷杂粮。

中美表面上的收入差距之争，实质是中西生活方式和文明价值之争，激起互联网上巨大争议的也正是这一点。

要按照世界银行的收入标准，中国参与两弹一星研究的科学家都没有成功的希望，西方媒体用身价多少来衡量科学家的价值更是荒唐！

在这里，我要给读者们分享我从普里戈金学派学来的一条经验，就是"有争议才有新意"。面对争议，面对挑战，首先要不怕不避，思考争议背后的科学原因，而非个人感情，如此才能逆流而上。"购买力平价"引起的争议，其实正好说明复杂科学的道理。单个商品的比价，例如汽油，美国的确比中国便宜，为什么便宜呢？原因就是美国控制着世界石油市场的定价。但是，真实的生活成本却是系统定价。美国基础设施落后，治安状况恶化，生活成本远比中国高。由高成本拉动的高收入仅是虚假繁荣，和荣国府抄家以前的虚假繁荣一样，这个道理不难理解。借此机会我想说明，中国的国际接轨不能盲目跟从西方理论和西方统计，因为它们互相矛盾，没有科学依据，只是为本国的大资本集团服务。中国必须建立自己的经济统计标准。

经济总量统计没有科学理论作为依据

自然科学、工程和医学的统计，都依据物理学的两个定律：第一个是能量守恒和转换定律；第二个是热力学第二定律，即人类创造的热机的效率，其测量标准是有用功，必须在总耗能中扣除释放的废热，这个废热物理学测量为熵，它取决于热机高温燃烧和低温散热之间的温度差。所以，经济学的物理基础应当是人类有效使用的能源，而不能把人类活动散发的废热也当作经济成果的物质基础。由此可见，国民经济总量统计的概念，即把"废热"当"成果"，是违背物理学基本定律的，也就不可能指导经济政策的科学决策。

西方模式的资本主义以破坏地球生态和生物多样性为代价

人类一切活动的能源都来自太阳。太阳能则来自太阳发生热核聚变反应产生的巨大能量。太阳诞生于46亿年前，目前处于中年，估计还有50亿年的寿命。大约35亿年前，地球上出现生命，但只有在25亿年前，原始生命出现发生光合作用的细胞之后，地球大气层才从二氧化碳中产生氧，形成今天地球特殊的生态系统，历经演化，今天的地球上大约生存着 900 万种生物。

人类出现于 280 万年以前,考古发现的人类社会活动的人工建筑距今有 1 万年,但是 300 年前西方出现的工业革命,对生态多样性展现了惊人的破坏力。地球历史上曾经存在过的物种中,如今 99.9% 的物种已经灭绝。如果人类活动没有自我约束,地球生态系统的破坏和人类的灭绝将是当代的主要危险,因为目前世界核大国拥有的核武器足以毁灭地球 10 次以上。中国启蒙运动家把达尔文的多样演化论简化为单向的进化论,影响中国知识界百余年。这种拿来主义将给中国经济的健康发展带来深重影响。

西方经济学理论和统计方法的互相矛盾

国内改革开放引进的西方主流经济学,是一个互相矛盾的理论体系,无法给政府的经济统计提供理论基础。

例如,微观经济学假设市场经济是原子态的个人、家庭和小企业之间的"完全竞争",结果是企业的均衡利润率为零;市场经济面前人人平等,不可能存在贫富差距和经济危机;所谓"看不见的手"不需要政府干预,供求关系决定的市场价格不受企业竞争程度的影响,自动稳定,使资源优化分配……但在各国实践上,经济学的完全竞争实际上是市场的恶性竞争,因为大量中小企业利润太薄,无力提高质量,只能维持简单再生产,甚至假冒伪劣,逃税走私,克扣工人工资,拒交社保费用,等等。中国小商人□国外打价格战,影响当地中小企业的收益,如果当地政□□□□□失业工人转型,就产生现在各国都出现的保护主义、□□□□甚至贸易战和种族主义。西方经济学构造的空想资本主义□□争"的乌托邦,在现实世界实是劣币驱逐良币的恶性竞□□但是实际上在工业革命一开始,就出现了规模竞争导致的□析定价和经济发展的不平衡,进而出现强国争霸,用科技□军事、金融霸权争夺世界资源,产生殖民主义、帝国主义、霸权主义,以及不断发生的经济危机和战争……这一系列后果对生态系统的破坏,远超工业革命以前的人类社会。如果微观经济学正确,西方世界至今应当停留在意大利中世纪的城邦时代,根本不可能出现英国的圈地运动,大修铁路,不可能出现海军和金融强国的此起彼落。

又如,宏观经济学假设一国经济是封闭体系,政府的财政和货币政策可以独立运作,无须考虑国际竞争的影响。但是,请注意美国商务部发布的国际收支平衡表。美国"二战"后近三十年,国际贸易的经常项目和金融账户一直保持双顺差,这时美国的国际竞争力世界领先。但是,越南战争和中东石油危机后，美国黄金储备快速流失，迫使美国尼克松总统在 1971 年宣布美元和黄金脱钩。自 20 世纪 70 年代中期开始，美国国际贸易的经常项目持续逆差至今，同时德国、日本经济复兴，开始和美国在高端消费品市场竞争，并一直保持贸易顺差。自 80 年代中期开始，美国里根总统的星球大战和减税政策，使美国金融账户也开始持续逆差，美国从世界的债权国变成债务国，日本、中东产油国和中国，先后成为美国的最大债主。美国特朗普总统则公开宣布美国的经济输给中国，要美国放弃世界警察的地位。如果不是美国持续不断地在世界各地发动战争，打击竞争者和债主的地缘政治，美国经济早就该像希腊一样破产清算，怎么可能继续维持国际贸易的定价权？

再如，西方金融学的基本理论就是错误的，无法解释金融危机的源头，期货和期权定价的数学模型本身就有问题。金融学的有效市场理论断言金融市场自动保持均衡，没有人可以在金融市场持续赚钱。然而，金融统计又证实大型垄断企业和投资机构可以长期存在，多数金融投机者打不赢市场的指数基金，如标准普尔 500 指数，道琼斯 30 指数和纳斯达克指数。金融学和计量经济学犹如看后视镜开车的司机，只能编历史故事，无力预测未来，这才使 2020 年的贸易战中，西方主流经济学家和金融观察家大多迷失方向，想不到中国会打赢美国的贸易战、科技战、金融战，以及颜色革命的政治战。

我们提出"代谢增长论"，明确区分"致富"和"发财"是两种不同的经济竞争机制。

经济增长的动力是科技进步，开发新的资源。如果科技开发的资源普及老百姓，用以改善生活的物质条件，那完全可能实现共同致富（提高生活质量）。比如以前的王公贵族，暑天得让仆人在一旁扇扇子，现在开发出电力，普及电扇，人们在夏日的舒适程度远超过以往的王公贵族。又如，以前的贵人出行得坐轿子或马车，而如今，除去便利的公共交通不说，普通人若能买得起汽车，就能享受舒适和便利得多的出行。这都是科技进步惠及全民的结果。无论市场经济还是计划经济，都可以通过科技进步共同致富。

但是，市场交易一旦引入货币，使用价值和商品价值脱离关系，平等的市场竞争就成为不平等的权势竞争，贫富差距必然扩大，"发财"必然是少数人剥削多数人，使社会大生产的分配越来越集中到少数人手里。所以，资本主义不平等竞争的结果，绝不可能是共同发财。

空想资本主义经济学在现实经济中是乌托邦。因为西方强权主导的全球化，存在三种不平等的定价机制。

第一，在美国科技、军事、金融霸权控制下的国际大宗商品定价权，完全受制于美国。美国买什么什么便宜，中国和新兴国家买什么什么贵，才使中国商品出口的国际竞争力高于西方发达国家，但是企业利润率和工人工资远低于西方国家。

第二，大国竞争迫使不同地缘政治的国家，采取不同的发展战略，也就采取不同的国家干预市场的政策。例如，美国的军火工业集团通过游说，取得美国五角大楼的巨额军事订单，政府规定的美国军工产品价格是国际市场的几倍，间接补贴美国的高科技企业。如波音公司，就获得了国际民用飞机的垄断定价权。

第三，各产业、各地区的市场竞争，只要存在规模经济，中小企业就竞争不过大企业或网络经济。这导致地区发展不平衡，也使政治经济学理想的"社会平均劳动时间"难以计算。因为新兴竞争产业人才稀缺，工资待遇远高于社会平均的工资水准。而夕阳产业的劳动力过剩，大量人员失业或半失业，不少人依靠社会福利维持贫困线附近的生活。新政治经济学必须与时俱进，才能制定既有国际竞争力，又能保证国内小康社会的产业获取合理的劳动报酬。发展高度不平衡的大国，很难计算社会平均劳动时间。除非是没有产业竞争的孤立城邦。成本加成竞争的模式只适用于中年期技术成熟的产业，这使不同产业的平均利润率差距很大,给社会福利政策和政府的产业政策都带来难以预测的困难。大家注意美国产业中心的移动,20世纪50年代的传统钢铁工业和汽车城集中于美国东部,70年代新兴的核能和电子工业转移到美国西岸的加州和华盛顿州,90年代能源和高科技中心又转移到南部的得州。中国工业基地50年代集中在东北,改革开放后移到沿海。这都是产业发展不平衡的结果,相应的收入分配也发生巨大变化。

第四,政府政策和管理也可能失误。天下没有万能的市场,也没有全能的政府。政府和市场的学习能力、纠错能力,都会影响市场价格是否合理。各国实践的常识是:关税太高,就会刺激走私;税率太高,就会刺激逃税;管制过多,会抑制创新;管制不当,又会鼓励舞弊。究竟什么是合适的调解,中国是地区实验后再总结经验和协调,西方靠律师打官司或利益集团游说来制衡。究竟哪种体制能与时俱进,应对危机,这次金融危机、贸易战和新冠疫情是历史的考验。

我们不要妄自菲薄,也不要掉以轻心。如果大家理解了市场竞争的不平等机制,再来比较中国、美国、印度的发展路线,具体问题具体分析,才能明白为什么中国经济的国际竞争力和老百姓的实际生活都优于美国。正是西方主导的经济统计方法,掩盖了西方经济急剧衰落的现实。

为什么目前西方主导的 GDP 和人均 GDP 远离国际竞争的现实

【作者按】

作者的观察地，疫情前后分别在上海嘉定、得州首府奥斯汀，以及加州洛杉矶。网络会议信息分别来自中国、英国、德国、瑞典、阿根廷和印度的经济学家。

目前主流经济学和国际机构的统计比较，以为中国的人均 GDP 低于美国，按官方兑换率或购买力平价计算的人均 GDP 也低于美国，所以中国的民生不如美国，中国的国际竞争力也不如美国。但是 2020 年特朗普发动贸易战的结果，以及世界各国应对新冠疫情的结果，显示中国社会的稳定性和增长力远超美国。这说明我的观察是有依据的，就是西方主导的统计数据不能反映各国人民的真实生活状况，也不能反映真实的国际竞争力，因为经济学没有解决物理学科学测量的客观和可比的标准问题。原因有如下几点：

第一，统计数据只收集有国际市场交易的商品信息，实际的经济生活对应的潜在 GDP 比政府监管下的"市场经济"大得多。第二，经济学统计的是总量，而非健康的有效 GDP。美国经济总量，包含大量有害 GDP，相当于物理学的废热，例如过度军火工业、过度金融投机、过度打官司、过度医疗、过度浪费资源、过度炫耀消费以及灰色经济（色情、吸毒、犯罪、走私、逃税、洗钱等）。这些有害 GDP 增加的总量，不表示美国的强大，而表示美国的衰落。第三，统计测量的商品价格，只有国际贸易的工业品是竞争价格。美国主导的大宗商品和高科技产品，包括沃尔玛在中国的采购，都是垄断定价，不是经济学的完全竞争，这造成中国生产商的出口利润极低，仅占销售额的百分之几，而美国采购商的利润极高，大大压低了中国 GDP 的统计数据，夸大了美国 GDP 的真实含量。第四，比较中国和美国民生的生活成本和收入差距，中国的生活成本比美国低得多，美国人的高收入，在很大程度上是由高社会成本造成的。国际统计比较的是同一商品的国内市场价格，没有比较的是不同生活方式的社会成本。

物理学和生物学可以客观比较物质生活，如果盲目相信市场定价的合理性，就可能完全偏离自然科学的客观评价。例如空气污染，使大城市的居住和工作环境比中小城市和农村差得多，但财富和权势的集中反而极大推高了房价和生活成本。我在圆明园旁边的北大教工宿舍的居住环境，比上海嘉定农民新村差得多，但是房价和周边的生活成本高得多。同理，纽约、洛杉矶的房价、物价，又比生活条件好得多的中小城市，如我自己生活的美国得州首府奥斯汀要高得多，才会导致疫情期大量可以远程办公的白领阶层，搬离纽约州和加州，移居得州和人口稀少的红州[1]。中国经济学家不理解美国城市化的标准和中国行政级别的标准差异。美国许多中小城市，按中国标准，连大村庄都不算。我亲自调查的得州最小城市圆顶（Round Top），人口不到百人。有一个市议会建筑、一所教堂、一所小学、一所银行的储蓄所，加一个路口的交通灯，如此而已。中国的乡村建设，如果只要求这几个指标，实现城市化还不容易？哪里需要投资农村基本建设？国内的经济管理决策者，应当开车游历，而非跟旅行社了解西方大城市旅游点以外的真实生活。这都说明，新兴的复杂经济学必须引入多种经济社会和生态指标来取代GDP和人均GDP的指标，以指导经济政策。

下面我们一起做一下粗略的估计，看看GDP和人均GDP的官方测量误差有多大，看看所谓"市场经济"的比例，也就是官方能够追踪、统计、收税和监管的比例到底有多高。如此，我们才能了解目前国内接轨的世界银行、联合国和国际货币基金组织制定的统计标准，以及高收入国家的分类，离国际比较的现实差距有多大。

案例一，各国灰色经济（不受财税体系监管的市场交易）有多大规模？这里没有精确数据，因为世界上的避税天堂都是各国灰色经济的保护伞。我记得德国智库的测算（经济学家只能大致估计，没有权威数据），印度的灰色经济比例高达70%，美国至少30%，中国可能在两者之间。我们暂且估计为50%，那么，中国各地方统计的服务业比例是被远远低估的。只要中小企业解决当地的就业问题，有的地方政府对服务业的瞒报和逃税就睁一只眼闭一只眼。有些税务机关的执法能力还比较弱。但中国的餐饮、旅游、交通服务比西方国家好得多。单单计算中国被低估的中小服务业，中国GDP规模就会大幅增加。除此之外，世界各国还没有统计家务劳动创造的潜在 GDP。中国家庭重视子女教育，老人退休后不少都去扶助子女事业，"自费"照顾家庭的第三代。正是这一点，给了华裔子女在教育上超过西方白人家庭的助力。西方老人退休后只管自己度假，子女为了事业不敢有孩子，或者有了孩子请不起保姆，很多单身母亲带大的子女都难免陷入毒品与犯罪的渊薮。这也从侧面说明，西方家庭的高成本无法用提高最低工资来解决。提高法定最低工资只能逼外国移民打黑工和美国人抢就业，这就使美国种族主义再起。

案例二，查阅新近发布的麦迪逊数据库（2020）可以看到，其中包含的世界各国人均 GDP 的历史数据，在美国经济学家的合作下已经从公元 1 年更新到 2018 年。我们可以通过比较中国、意大利、中东地区、英国与美国的历史数据，来纵览大国兴衰的历史，我们在这里做一下重点研究。

麦迪逊数据库反映的 GDP 和人均 GDP 测量的系统误差

荷兰已故经济学家麦迪逊（Augus Maddison）依靠欧洲和美国的经济学资源，建立的公元元年至今的数据库，是目前国际信誉最高的数据库。其采用的计量方法，极大地影响了主流经济学和政府机构的经济统计规范。最近更新的2020版数据库，世界银行和宾夕法尼亚大学的佩恩表（Penn World Table）团队都参与了与荷兰格罗宁根大学的麦迪逊团队的合作，领军人物是美国加利福尼亚大学戴维斯分校的著名计量经济学家罗伯特·芬斯卓（Robert Feenstra）。

我曾在复旦大学接待过麦迪逊，在北京大学接待过芬斯卓，我和两位经济学家对计量方法有过认真讨论。其实计量分析是否合理，与物理学的成败类似，就是如何选择观察的参照系，也就是经济学的哥白尼问题。如果按照常识判断，太阳从东方出来，自然是太阳绕地球运动，这是自古以来"地心说"的直觉。中国人甚至认为大地是平的，造出了"天圆地方说"这么一个逻辑都无法自洽的概念，那四个角的天在哪里？哥白尼的"日心说"和后来开普勒的"椭圆运动说"，才使牛顿有了建立"万有引力论"解释行星运动轨道的可能。我用物理学方法研究经济学，首要问题就是寻找市场运动的最优参照系。我发现计量经济学使用的观察方法，包括金融市场每天报道的股市价格，每天、每月、每季度、每年的百分比变化率，都是从最短时间窗口观察到的噪声，而并非能够反映中长期经济走势的有用信息。这些信息，仅仅利于市场的短期投机，不利于生产和计划的运行和设计。GDP的测量方法也是如此。

麦迪逊2020数据库的说明文件[2]透露出制定各国GDP历史比较参照系的是西方发达国家。具体而言，工业化以前的时代以意大利，尤其是北部意大利的历史数据为基准。工业化前期以英国的历史数据为基准。20世纪开始则以美国历史数据为基准。所谓购买力平价，是要选一篮子的代表性商品，寻找各国类似商品及其价格做统计平均，用计量经济学的方法利用其他数据去做修正。问题是各国各地区的生活方式不同，选用哪个国家哪些商品做代表性篮子，比较的结果就大不相同。例如，西方国家不吃牛肉、不喝牛奶不行，而中国人则以吃粮食、蔬菜为主，生活标准自然不一样。住房、教育和医疗的差别更大。世界银行制定的绝对贫困的国际标准，是每人每天1.9美元或每人每年694美元（因为美元本身一直变动，这里的单位是2011年的国际美元）。我计算了一下，我在北京上中国科技大学的时间是1962—1967年，正值三年困难时期和"文革"。依据家庭经济状况，我上学拿的是二等奖学金，每月14元人民币。那时候给我们讲课的是中国科学院最好的科学家，我虽然36岁才出国，但与世界一流的研究生和学者竞争始终处于前沿。如果按照购买力平价，我在中国上大学期间的生活费只有世界银行规定的绝对贫困线的五分之一，理论上的生存概率只有千分之二十。但看我的实际经历，我的最高体重是1964年在农村参加工作队时达到的。我大学时代最好的粮食就是玉米窝窝头，但那时我却在冬季长距离徒步，从北京翻越过太行山，零下20℃蹚过冰河。然而到了美国，两年就被得州大学密闭的空调大楼搞垮了身体。

中国农村平均收入在人民币1000元以下，但因为有集体土地保障和国家基础设施的支持，中国农民比美国大城市到处可见的无家可归者生活要好得多，因为他们有机会获得自给自足的收入，自留地种的粮食蔬菜也不需要花钱去买，这部分并未被政府的市场经济部门统计在内。如果以荣国府的生活标准去衡量刘姥姥家的生存空间，必然类似如今美国金融机构的贷款信用评级，劳动人民和中小企业难以贷款，因为没有财产抵押的贷款违约风险高，越没有钱，贷款利率越高，或者根本就不借给没有财产抵押的人。而西方资本主义历史上造成金融危机的源头，恰恰是荣国府那样坐吃山空的大户。用富国的富人集中区域的消费标准，来制造购买力平价的测量标准，会立刻得到一个错误的假象，似乎发达国家人均GDP可以无限增长。而实际上人是社会动物，每个人的生理需求都是有限的，花钱多买不来健康和生存能力，只能制造心理虚荣和社会浪费。我不主张贫困的社会主义，我只赞成小康的社会主义。过度消费的高收入国家，只是富了百分之一，甚至千分之一的人。看英国皇家子弟的生活就知道，特权和金钱都是人身心的囚笼，他们并不比平常百姓自由和幸福。古人富不过五代，如今技术革命进步很快，许多富家二、三代就败了。更何况人的价值和潜力不是财产和身价能够代表的。中国金融对人民和中小企业的信用评级应当和美国有不同的标准。

在美国，汉堡被认为是最便宜的食物，最便宜的一个4～5美元。我在上海郊区农民新村生活，去农民开的餐馆里吃碗面条或炒米饭，不到10元人民币，也就差不多1美元多一点。因为中国服务业竞争激烈，服务价格远比西方国家便宜，所以在国内上餐馆会见朋友的频率比在西方国家高得多。我在北京、上海乘坐公交车甚至每周几次打出租车，都比在美国自己养车或租车便宜得多[3]。中国双职工家庭比例远比西方国家高，这使中国母亲的就业和收入与父亲平等的程度远比西方高，家庭和社区矛盾远比美国低。

美国超高的犯罪率和警察暴力，实际是社会经济问题的后果。其社会成本就是美国中产阶级的房产税率极高，因为地区教育治安的成本都是靠房产税支付的。在新冠疫情下，美国两届总统不到一年发的三次政府补贴，总数还不够支付房产税。许多地方反对封城，不只是不相信科学，还担心封城以后失去工作没有收入，将被房东赶出房屋，或付不出房贷被银行清算，成为无家可归的流浪者。美国这次发补贴的标准，定在年收入7.5万美元（约合人民币49万元）以下的单身者，和年收入15万美元（约合人民币98万元）的双职工家庭。美国最低工资标准为每小时15美元，相当于年薪2.8万美元，约合人民币19万元。这是美国法律规定的领救济金的收入成本，但无力成为有国际竞争能力的工资成本。因为成本如此之高，美国企业如何雇得起工人去与新兴国家在商品和服务方面竞争呢？美国打贸易战的目的，就是用关税来弥补美国制造业出口的竞争力，拿新疆说事也是为了挡住中国的廉价商品。美国如果真敢实行三无世界，美国制造业的多数都难以为继。

不少人迷信西方的"法治"，不明白为富人服务的法治，是穷人生存的大山。疫情期间我和理发店的师傅、顾客聊天，才知道美国法制的细节如何成为底层工人的重负。很多外国难民到美国从事低端服务，需要用英文考工作执照。普通理发师两年更新一次，水管修理工执照每年都要更新，每次更新都需要强制性上课和缴费。没在美国上过高中的外来移民大多难以取得就业资格，就只能打黑工，也就是美国人当工头包工，外国移民干粗活，连法律规定最低工资的一半都未必能拿到。美国大学给外国留学生所谓的助教或助研工资，就不到各州规定的最低工资，时间总数不许超过 20 小时。英国殖民主义和美国霸权主义得以维持的经济秘诀，就是用外国移民来养活本国居民的高福利。这是世界不平等国际秩序和不平等法治的根源。中国金融体系如果不克服引进西方体制带来的弊端，不但不可能达到共同富裕，还永远摆脱不了对西方发达国家的经济依赖和政治盲从。

GDP 历史数据反映的道路差距

我们来看几个历史时期各国人均 GDP 的排序和相应的人口规模。我们先用麦迪逊 2010 年的数据，单位是 1990 年的国际美元，人口数精确到百万。

表 1　公元 1 年的人均 GDP 和相应的人口与经济总量

国家	意大利	埃及	土耳其	希腊	伊朗	伊拉克	印度	中国
人均 GDP	809	600	550	550	500	500	450	450
人口（百万）	8	5	8	2	4	1	75	60
GDP（亿美元）	65	27	44	11	20	5	338	268

【注】GDP 测量单位是 1990 年的国际美元。

如果只看表1（公元初大约是中国西汉孝平帝在位期间）第一行，以人均GDP为标准，世界最富的地方是罗马帝国的势力范围，其次是中东地区。如果比较第二行相应的人口，印度比中国多。如果看第三行GDP总量，中国和印度的经济水平相似，印度应当比中国强大。

事实是，中国西汉的统一程度高于希腊、罗马和中东地区。这里GDP数据的问题是，印度历史上从来没有统一过。麦迪逊的历史数据、国家的地域依据的是现在的版图，印度的区域是英国划定而非历史形成。如果把汉代最富裕的地区分离出来，其人均GDP可能和意大利与中东的大城市相当，因为中国首都和商业中心的城市规模，可能高于罗马、埃及和土耳其，因为中国的农业和水利工程比欧洲和中东发达。同样的道理，对下面表2（公元1000年）宋代的时候也成立。

表2 公元1000年的人均GDP和相应的人口与经济总量

国家	伊朗	伊拉克	土耳其	埃及	中国	印度	意大利
人均GDP	650	650	600	500	466	450	450
人口（百万）	5	2	7	5	59	75	5
GDP（亿美元）	29	13	42	25	275	338	23

从表2可以看出，中世纪欧洲衰落，中东地区崛起。

但是中东国家人口远低于亚洲。印度人口看似超过中国，但是并没有统一。所以公元 1000 年时的宋代中国应当是世界最富裕的大国，但未必是军事强国。

表 3　公元 1500 年的人均 GDP 和相应的人口与经济总量

国家	意大利	比利时	荷兰	英国	西班牙	葡萄牙	土耳其	伊朗	中国	印度
人均 GDP	1100	875	761	714	661	606	600	600	600	550
人口（百万）	11	1	1	4	7	1	6	4	160	140
GDP（亿美元）	116	123	72	28	45	6	38	24	618	615

从表 1 到表 3 都可以看出，工业化以前的农业社会，中国和印度是世界上人口最多、经济最繁荣的地区，成为东方最吸引贸易的地区。相较之下，中国的统一程度最高。郑和下西洋（1405—1433），葡萄牙人发现绕过非洲东行的航路（1488，1497）和哥伦布西行（1492），麦哲伦环球航行（1519—1522）都和政府对航海的支持有关，和经济因素（人均 GDP/ 人口 /GDP 总量）以及军事实力没有直接关系。

从意大利的文艺复兴到葡萄牙、西班牙人寻找通往东方的新航道，地理、政治变化的因素改变了世界贸易路线，世界的经济中心也从地中海移往大西洋。

表4　公元1600年的人均GDP和相应的人口与经济总量

国家	荷兰	意大利	比利时	英国	西班牙	奥地利	葡萄牙	土耳其	中国	印度
人均GDP	1381	1100	976	974	853	837	740	600	600	550
人口（百万）	2	13	2	6	8	3	1	8	160	140
GDP（亿美元）	20	144	16	60	70	21	8	47	960	743

通过表4，我们发现，在资本主义原始积累和殖民主义早期，中国和印度经济规模最大，人口最多。但中国、印度都没有海外扩张的动力，反而是中东和西欧追求的贸易和殖民对象。海外殖民的强度，和国家富裕程度（人均GDP）、人口数量与经济规模并没有决定性关系，而是取决于经济扩张的模式。葡萄牙和西班牙直接掠夺土地和黄金白银，荷兰做海运和金融，英国则发展技术和工业，这对资本主义国家的兴衰起到了不同的影响。明代的中国显然是世界上最强的国家，但小农经济的传统让中国放弃了海洋发展的空间，才使后来地理大发现和工业革命的机遇落到了西欧，这与中国是专制还是民主并没有什么关系。西方地理发现的动力都是有远见的君主支持航海冒险，而非追求国内富裕或稳定。

麦迪逊2010年的数据，把美国人均GDP超过英国的时间定在1903年。但是最新的美国经济学家参与修正的麦迪逊2020年的数据（单位改为2010年的国际美元），把美国人均GDP超过英国的时间提前到1891年。我们表5改用新数据，来讨论中国发展的竞争对象从英国变成美国。

表5 公元1900年的人均GDP和相应的人口

国家	美国	英国	比利时	荷兰	德国	奥地利	法国	意大利	日本	俄国	中国	印度
人均GDP	8038	7594	5947	5306	4758	4594	4584	3264	2123	1906	972	955
人口（百万）	76	41	7	5	54	6	41	34	44	125	400	285

【注】麦迪逊2020年的数据没有总量GDP。感兴趣的读者可以自行查找。

考察20世纪的经济发展史，我们发现科技进步和两次大战的关系极大。战争胜负和富裕程度（人均GDP）关系不大，但与组织能力、军事科技水平以及人口规模关系密切。我们将中国人均GDP的发展水平，与历史上美国、英国的人均GDP数据相比较（见表6），可以估计西方高收入国家人均GDP的有效水平。

表6 中国人均GDP与相应的美国、英国的人均GDP

年代	1870	1900	1929	1950	1959	1978	2000	2008	2018
中国	945	972	1003	799	1117	1744	4730	8190	13102
英国	5829	7594	8772	11061	13134	20448	31946	38265	38058
美国	4803	8038	11954	15240	17900	29286	45886	50276	55355

表7 中国人均GDP赶超的相应阶段

年代	1950	1959	1978	2000	2008	2018
中国（人均GDP）	799	1117	1744	4730	8190	13102
英国【人均GDP（年代）】	1151（1000）	1743（1399）	4730（1853）	8131（1914）	13134（1959）	38058（2018）
美国【人均GDP（年代）】	897（1650）	419（1775）	4734（1860）	8038（1900）	13553（1941）	55355（2018）

假如麦迪逊数据库有可比性，我们看新中国前30年的进步，1950—1978年人均GDP的增加，约超英国近400年（1000—1399）和美国125年（1650—1775）的进步。而改革开放40年人均GDP的进步，超过英国560年（1399—1959）和美国166年（1775—1941）的发展。

从1950年到2018年，按购买力平价计算，中国人均GDP从人均799美元，增加到13102美元，68年增长16.4倍，年平均增长率为4.2%。同期印度从987美元增加到6806美元，68年增长6.9倍，年平均增长率2.9%。

相应地，英国从公元1000年的1151美元，到公元1959年的13134美元，959年增长11.4倍，年平均增长率0.25%。美国从1650年的897美元，到1941年的13553美元，291年增长15.1倍，年平均增长率0.93%。中国的年平均增长率是印度同期的 1.4 倍,是美国相应阶段的 4.5 倍,是英国相应阶段的 16.8 倍。

如果仔细研究英、美两国的现代数据,我们发现英、美两国制造业的高峰分别在 1870 年和 1929 年。中国目前的实体经济已经超过两国制造业的高峰水平。第一次世界大战中,英国和德国打得很惨,原因就是,1850 年在制造业占领世界 50% 但整体利润率不高的情况下,英国开始让金融等高利润的服务业取代制造业,给了德国、美国制造业先后超越英国的机会,最终动摇了大英帝国的地位。1956 年,英、法联合干预埃及收复苏伊士运河的战争失败后,英国沦为二流国家。所以,如今中国的真实国力,很可能居于世界前列,至少在英国之上,而不可能像世界银行 2020 年高收入国家的分类排行那样,不但在我刚去过的西欧国家葡萄牙和东欧国家罗马尼亚之下,还竟然在中等收入国家土耳其、墨西哥之下。世界银行和美国中央情报局的人均 GNP 或人均 GDP(购买力平价)都是有系统偏差的。

如果进一步研究美国最新的人均 GDP 数据,就根本不会相信美国"二战"以后人均 GDP 有增长 4 倍的可能。美国在 20 世纪 60 年代登月飞船发射成功时达到了国内的最佳状况,不仅占领了科技制高点,实体经济的发展也达到了顶峰。但1971年尼克松被迫宣布美元与黄金脱钩时，美国经济的绝对优势就已经不在。里根的新自由主义加速了美国经济脱实向虚的趋势。自1985年起，美国外贸和金融账户双逆差，实体经济被虚拟经济挤出已成定局。特朗普总统打贸易战，拜登总统公开承认美国基本建设落后于中国，都证明中国经济的真实实力超过美国。中国所欠缺的，就是还没占领科技、军事和金融的制高点，还未达到美国1900—1929年的国际地位。

历史发展是复杂多样的。国际比较只有比较相应的发展阶段才有理论意义。因为GDP的测量没有达到如同物理学中能量测量那样的科学水平，所以目前各国GDP的测量标准因历史和环境不同而有很大的差异，没有绝对的定量可比性。

各国学习现代化过程
所付出的代价

西方媒体攻击中国道路的主要论据，是中国的现代化走过的一些弯路，例如三年困难时期和"文革"期间的经济衰退。我们在此利用麦迪逊最新的数据库，来比较一下中国道路的学习成本是否高于西方和其他转型国家。

学习速度同文化与组织能力相关[4]。我们先考察中国人均 GDP 的数据。1950—2018 年，中国只出现过四次人均 GDP 下降超过 5%。第一次是 1953—1956 年，1954 年比 1953 年下降了 9%，两年后恢复。第二次是 1961 年比 1959 年下降了 22%，三年后恢复。第三次是 1968 年下降了5%，一年后恢复。第四次是1976年下降了5%，次年恢复。如果看人均GDP的经济数据，并没有理由说"文革"时期的中国经济到了崩溃边缘。中国困难时期的恢复速度远远超过西方的大萧条。1968年、1976年的两次动荡，都在一年后恢复，比美国2008年金融危机的时间都短。

对比美国南北战争以后的历史，1865年美国人均GDP是4637美元，相当于中国2000年的水平。1929年为11954美元，1941年为13553美元。76年间美国本土没有发生过战争，但发生了五次超过5%的经济衰退，人均GDP的年平均增长率为1.4%，只有中国1950—2018年平均增长率的1/3！[5]

我们接着分析美国市场经济经受经济衰退的历史。从南北战争结束开始，第一次衰退在1892年到1894年，人均GDP下跌11%，三年后恢复。第二次衰退在1906年到1908年，下降10%，四年后（1912）恢复。第三次在1913年第一次世界大战爆发，经济再度下跌10%，战争刺激经济，两年后复苏。第四次衰退受1918年欧洲动荡影响，1918年到1921年，美国经济下跌8%，两年后恢复。第五次则是30年代的大萧条，从1929年人均GDP高峰的11954美元，跌到1933年的8048美元，整整下降了 33%！直到 1940 年才恢复。美国走出大萧条显然依赖"二战"爆发的战时经济。1944 年"二战"临近结束，美国人均 GDP 达到了战时经济的最高峰，然后就开始一路走低，三年下降 16%。直到 1955 年，前后历时 8 年，美国人均 GDP 才得以恢复。中国的经济基础、国际环境、技术水平，都比美国差得多，而美国经济恢复的能力比中国差得多，所以没有理由认为中国文明、中国体制、中国文化落后于西方。中国近代真正落后的根源在于科学技术。

我们这才理解，美国为什么要搞马歇尔计划，为什么要发动朝鲜战争和搞军备竞赛，就是为了刺激军火工业。实际上，美国依靠国内市场的发展，在第一次世界大战前已经走到尽头。两次世界大战期间，美国都靠卖军火加金融投机刺激经济。所以难怪美国在越南战争开始之后就国力衰落，迫使美元和黄金脱钩。虽然美国在 1969 年登月成功，说明美国除了军事科技领先之外，国内经济的脱实向虚，自 20 世纪 70 年代起就一路下行了。冷战期间美苏军备竞赛两败俱伤，最终给德、日复苏，东亚挤占美国民用市场及中国大陆的崛起，提供了历史机遇。

比较各国的人口数据

诟病中国道路的一个主要理由,是三年困难时期的人口下降。这次新冠疫情表明,世界发达国家也没能力区分死亡原因究竟是新的病毒还是老的流感,抑或是并发症。有人提出的所谓"非正常死亡",不是科学可以测量的概念。但是,人的预期寿命是可以科学测量,可以进行国别比较的健康指标。我们在此比较一下各国的人口数据。

从汉代开始,中国就是统一的人口大国。印度虽然人口也多,但历史上统一的时间和地域都不如中国。欧洲和中东的人口总数更是比中国少得多。所以,在工业化以前的农业时代,中国经济的规模和稳定水平应当是领先世界的。但是,小农经济的战争能力,却未必能保持对北面游牧民族和东面海盗民族的长期优势,这是中国周期性分裂又统一的原因。西方国家则是分裂趋势大于统一趋势,一个主要原因是拼音文字和宗教战争的结合,使信奉个人主义的新教国家的分裂趋势比伊斯兰国家还强。各种文明的生命周期,和生态环境与经济结构关系密切,但和政治体制未必关系密切。认为产权或民主制度能克服大国兴衰的周期律,是哲学家的理想而非现实。

中国人口从 1950 年的 5.46 亿人，到 2018 年的 13.85 亿人，68 年人口增加 8.39 亿人。人均预期寿命，从 1950 年的 39 岁，提高到 2019 年的 76 岁。中国预期寿命低于美国（80 岁），与沙特阿拉伯、土耳其和罗马尼亚处于同等水平，但是高于乌克兰（73 岁）、俄罗斯（72 岁）、印度（70 岁）和南非（65 岁）。即使是预期寿命最低的阿富汗（53 岁），也高于 1949 年的中国（39 岁），可知新中国的基础何等薄弱。

用人口数据对比中国和东欧开放转型的发展道路，从 1992 年到 2008 年，俄罗斯人口 17 年间持续下降，减少了 4%，2009 年才恢复缓慢增长。乌克兰和被世界银行纳入高收入国家的罗马尼亚则没这么幸运。乌克兰从 1993 年开始人口持续下降，25 年间减少了 15%；罗马尼亚从 1990 年开始人口持续下降，18 年间减少了 16%。至今两国都没能扭转这个趋势。发达国家预期寿命最高的日本（85 岁）老龄化严重。自 2005 年起，日本人口总数持续缓慢下降，13 年间减少了 200 万，近 2%。德国金融危机期间（2008—2011），人口也下降了 0.7%，2014 年才恢复，历时 6 年。

可见，中国对大众健康的公共投资与生活改善的速度，远超西方界定的"高收入国家"。

对分析历史数据感兴趣的读者，可以对比其他历史争议问题，例如历史人物的作用和各种文明体制下文化专制的程度，都没有证据可以说明中国比同期的西方社会黑暗或专制。

西方宣传的历史人物，从雅典的伯里克利、马其顿的亚历山大、罗马的恺撒、蒙古的成吉思汗到法国的拿破仑，都没有留下一个像秦汉之制这样能持续2000年的大国统一体制。西方历史上的宗教战争，毁灭竞争文明的程度远超秦始皇的焚书坑儒。亚历山大毁灭了波斯文明图书馆的全部收藏。中世纪基督教把希腊罗马文化完全灭绝，后来文艺复兴发掘的古典文献，据说是从阿拉伯文献重新转译，至今不知道真实的历史究竟有多少。而中国古代文献保留的程度，却是超过埃及以外的其他文明的。

为了救国，中国启蒙运动家曾经急功近利，生吞活剥地学西方。彼时的拿来主义、折中主义学风，今日可休矣。中国人是时候重新认识历史，平视世界，把握未来了。人的生命只有一次，希望诸位读者自强不息，勇于试错，不断创新，走出新路，创造历史上最可持续的文明。只有这样，世界才有希望。

附:
"代谢经济学"启蒙

认识市场

【导读】

我们研究以及整合市场的不同维度,用以解决当代各国面临的不同问题。如果将来有经济工程师,这是他们的技术,也是他们的艺术。但从理论上来讲,我必须给出一个更高的视角,那就是以三维的眼光去看待当代经济,交换、分配、竞争,三者缺一不可。

究竟代谢经济学或者复杂经济学和现在已有的经济学有什么关系,我们可以从一个非常简单的出发点来回答这个问题,就是重新认识市场的作用。

迷信西方新自由主义或者新古典经济学的经济学家，会把中国崛起的原因简单概括为自由化、私有化和市场化，但我以为他们对市场的理解相当肤浅。西方经济学教科书描写的市场，主要涵盖了微观经济学，还有一部分金融经济学，与现实市场有非常大的差距。实际上，要了解西方不同经济学派的差别就可以从分析他们对市场的不同认识开始。

　　古典经济学认为市场是什么呢？亚当·斯密的出发点其实是比较高的。他说为什么需要市场，因为有劳动分工。劳动分工要起作用，如何协调？他强调了市场交换方面的功能，所以现在的微观经济学就只讲了市场的一个功能——交换，好像交换就能解决一切问题。然而一打贸易战大家就发现交换有很多问题，亚当·斯密幻想的那只手，既不能解决贸易不平衡和贫富差距，也不能解决大国小国、强国弱国的矛盾。从经济学的发展历史来看，古典经济学以及后来发展的新古典经济学，实际上只是片面地研究了市场的一个侧面——交换。我们把它叫作市场的第一个维度，即一个视角，用几何的语言来讲，这是一个一维模型。

　　马克思经济学做了什么贡献呢？马克思经济学强调了市场的第二个作用——分配。马克思提出市场的交换并不平等，如果资本家控制了生产资料，劳动者只能出卖劳动力，资本一定会剥削工人的剩余价值。争论在于剩余价值怎么计算。马克思提出，社会主义阶段按劳分配，共产主义阶段按需分配。他的分配原理很得人心，所以即使是资本主义国家，现在也不得不强调分配的重要性，争论最大的就是税收制度，到底应该实行累进所得税，即越富的人缴税越多，还是实行累退所得税，即越富的人缴得越少？很多巨富到现在为止都不敢公布缴税表，因为他缴税的份额实际上比工人还要少。所以，马克思主义理论强调的是阶级斗争的核心问题，实际上是讲劳动分工下的分配问题，这是单靠资本主义的交换不能解决的。

如果经济市场只有这两个方面，那么中国的贡献在哪儿？中国的贡献在于提出了一个震撼人心的观察，其实也是直觉，即私有制和公有制的对立并不是绝对的。有一个问题争论也很大，就是市场经济和计划经济是否可以互补，还是互相排斥？中国改革开放以后有一个非常重要的发明，就是采纳了混合经济。混合经济的好处是什么，很多经济学家没有讲清楚，单单说是中国特色的社会主义。那中国特色到底是什么？从经济学上来说，比起亚当·斯密突破的地方在哪里？我告诉大家，突破的地方在中国经验符合了另外一位经济学家的思想。这位经济学家是谁呢？就是约瑟夫·熊彼特。

熊彼特的贡献在哪里呢？大萧条以前，他的名气比凯恩斯还要大。他是奥地利经济学家，当过政府官员，还在哈佛大学教过书。他强调了市场的第三个侧面——竞争。他认为现代化的核心实际上是创新，创新一定会带来周期性的经济波动，包括技术革命的长波、政府调控引起的中波，以及市场群众的从众心理和投机行为引起的短波，所以它不是一种波，是三种波。熊彼特有一个非常精彩的观察，他认为创新是一个创造性毁灭的过程，而创新的领头人并不是一般的资本家，他叫作"企业家"。企业家把创新看成使命，虽然他本人未必能享受到创业的成果。这一点，在很大程度上和革命家有共同之处，二者未必都能享受革命果实，但都肩负历史责任。所以熊彼特认为，资本主义发展的方向最终是走向社会主义。从资本主义走向社会主义，第一条道路是马克思指出的武装革命[1]；第二条道路是恩格斯组织的第二国际。熊彼特很有意思，他提出了第三条道路，一条创造性毁灭之路，就是技术革命、技术更新，更新的过程不是诺贝尔奖得主保罗·罗默强调的知识的积累，而是知识的更新换代，也就是我常提到的新陈代谢。

熊彼特讲的创造性毁灭和我们今天用数学模型混沌来解释的思想是一致的。在主流经济学家看来，混沌就是天下大乱，是秩序的毁灭。而对我们做复杂经济学的人来讲，中文表述的"混沌"比英文 chaos 更确切，意味着旧秩序瓦解、新秩序产生的过程。我们现在的方向，是要用复杂经济学的多维方法，把生态约束和物理学开放系统的非平衡过程结合起来研究经济学，这也是实现凯恩斯的梦想，要构造经济学的大统一理论。如果要描写市场，我们就一统三家，把市场看作一个三维体系，有三个维度的功能，每个维度都有自己独特的视角。交换，是古典经济学和新古典经济学强调的维度；分配，是马克思经济学强调的维度；创新和产业的新陈代谢，是熊彼特创新经济学强调的维度。

从经济学上来讲，创新的实质是竞争。在西方文化下，竞争多半时候的含义是负面的，是具有排他性、你死我活的零和博弈。而在中国文化里，竞争是相互学习、相互包容，或相生相克的过程。所以竞争既是破坏性的，也是建设性的。有的地方搞动乱，没提出任何有建设性的建议，就是破坏性竞争。中华人民共和国成立后，国内有好几种不同发展思路的竞争，譬如发现人民战争的规律、强调小农经济的重要性、组织农民保证粮食自给，这对新中国从成立到维持独立和建立自主完善的发展体系做出了巨大贡献。又如，系统地从苏联引进计划经济的经验，这样才有了中国第一个"五年计划"里上百个大工业项目的启动，打下了中国重工业体系和科技体系的最早基础。计划经济对中国来说功不可没。还有后来的东亚模式，是考虑到中国基础落后、小农经济人口多，如果片面强调重工业会付出巨大代价，所以有了同时发展轻工业的建议，到后来再走出口换外汇的路。所以我认为，改革开放时期一个非常大的突破，就是不同的发展方式在中国这么偌大一个国家内部共存竞争。在引进西方先进的资本、技术和管理时，社会主义公有制的企业发现可以学，集体所有制的乡镇企业也可以学，这样多元的思路，如果只相信一神教和普世价值论，那只能是排斥，不可能共存的，中国却能包容发展。在这点上，我觉得既融合了老庄哲学的复杂性、包容性和整体论，又不排斥西方分析科学的方法，实际上这是中国经济比西方经济发展更快、更强劲的原因。

我们要创建新的经济学统一理论，把前人做过的有益的事整合起来，但也要看到他们的不足。我们研究以及整合市场兼有的交换、分配和竞争这三个不同维度，用以解决当代各国面临的不同问题，这就是我们理论的应用。对于将来的经济工程师，这会成为他们的技术，也是他们的艺术。但从理论上来讲，我必须给出一个更高的视角，那就是以三维的眼光去看待当代经济，交换、分配、竞争，三者缺一不可。这样看西方和中国的问题就很清楚了。

西方经济学过分强调市场的交换功能，让大资本和跨国公司成为分配的主导者，造成今天贫富差距扩大、社会动荡加剧；又企图用利益集团的制衡来约束政府，干预分配过程，但很显然，无论采用法律还是军事的方式，都不能解决问题。在这点上，用马克思经济学来批判西方资本主义社会分配的失调，我认为相当成功。但马克思经济学对竞争的建设性作用认识不足。苏联学美国的托拉斯建了一个垂直的分工体系，把不同国家放在这个大体系之下，靠几十个部委来协调劳动分工，这样一个垂直系统在面临重大技术更新或者国际局势变动的时候非常不稳定。所以，苏联模式计划经济的最大问题就是牺牲了国有企业之间的竞争。竞争不足，创新就不足。苏联虽然在航空、航天、军工等一些领域赶超西方效率高，但对于新兴产业，如半导体、生物遗传工程等，苏联都采取了相当保守的态度，以致与西方的技术差距拉大。一旦打开国门开放竞争，原来基础科技储备比中国先进得多的苏联和东欧企业，在西方跨国公司面前都丧失竞争能力。

相比之下，中国的企业有更好的适应力。在中国改革开放以前，即使在三线建设的情况下，各省都要求自给自足。一旦对内开放，地方政府之间的竞争就已经展开。大跃进时代扶植的社队企业变成了乡镇企业，乡镇企业可以和国企竞争，有的还聘请了国企的专家，兼并了跨国公司，这是其他国家无法想象的，原来都认为跨国公司到发展中国家就是赢家通吃。跨国公司到中国投资的目的也很简单，就是要利用中国廉价的劳工和资源占据中国市场，认为凭借技术优势、资本优势可以轻易消灭中国的民族产业。它们进到中国以后惊奇地发现，中国企业不但打不死，反而还越学越快。原因就是我在《代谢增长论》中强调的，中国的改革开放，是先对内开放，再对外开放，各省地方政府之间的竞争和不同所有制之间的企业的竞争，大大加强了中国的学习能力。一旦中国的学习速度超过西方国家，尤其超过美国的创新速度，即使先进技术是在西方发源，但在中国应用普及的规模也会远超西方。如果中国的新技术产品要打入西方市场，其成本靠着规模经济的优势也低得多，这才使主张自由贸易的美国苦不堪言，反过来要打贸易战。

中国特色社会主义经济的先进之处，我认为不在于交换，也不在于分配。因为我们必须承认，美国市场交换的程序、效率以及方便程度都比中国高，也比欧洲和日本高。美国制造了股票市场的繁荣，在金融创新方面似乎胜了一筹，但正因为美国实际上实行的是以资本为主导的交换机制，在分配问题上反而不如北欧国家，也不如欧盟、日本和中国。美国的创新速度越快、机器取代人工越厉害，两极分化的社会矛盾就越严重。从第二个维度来看，美国和欧洲、东亚的差距就很明显了。改革开放以前，中国在基础设施建设上已经取得了巨大成就，在相对贫穷的情况下，也比其他发展中国家更妥善地处理了分配问题，但因为帝国主义一直以来的封锁而没能充分发挥市场的竞争和创新的作用。一旦改革开放打开了国门，中国的创新速度突飞猛进，学习能力和国际竞争力就大大增强。无论是"你打你的，我打我的"，还是"白猫黑猫"理论，凡是实践当中有用的经济发展策略，中国都可以学，都可以试。我们不是坐而论道，而是具体实验；不是集中实验，而是地方分权实验，由中央来协调。作为以小农经济为主的后起国家，中国靠自己的战略和组织能力，在不平等的竞争过程中，在创新方面实际上打败了先进国家。中国 40 年来走过的这条发展道路，如果用经济学的语言概括，我认为贡献突破了亚当·斯密和马克思。穷者未必永远穷，富者未必永远富。这个理念对资本主义的发展也适用，对世界历史文明的兴衰也适用，其核心就是非均衡的发展过程，这也是代谢经济学的一个核心思想。

我们有可能依据代谢经济学的原理，深化马克思经济学的体制研究，发展体制工程学（Institutional Engineering），克服新制度经济学产权理论描写的空想资本主义,为各国理解中国道路、中国经验,发展科学应用的复杂系统工程尽一份力。历史上,住房、城镇、运河这些,都是由人类设计,在实践中不断演化进阶的。制度和各层次体制的设计和演化,也可以从科学到应用,成为可操作的工程学。

人类活动的基本约束

【导读】

　　生态资源是人类活动的最基本约束。科学技术的发展使人类个体的相对自由越来越少，纪律性越来越高，使人类作为群体的自由越来越多，发展空间越来越大。在劳动分工愈加复杂的情况下，如何克服复杂性带来的不稳定性，是这里面的核心难题。社会和组织之间的协调，是远比财富分配还要困难和基本的问题。在这方面，中国做出了巨大贡献。

　　西方自然科学中的生物学有个基本思想：人类的活

动受到环境资源的约束。这最早是由英国经济学家托马斯·马尔萨斯（Thomas Malthus）[2]提出的。他发现人口的增长比食物的增长更快，人口不可能无限增长，大自然一定会对人类的活动有所约束。人类得被动接受大自然的约束（灾害、疾病等），也可以用制度或者战争主动进行调节。

历史上对马尔萨斯的人口论有过很大争议，但从科学研究的角度来讲，好的问题虽然不一定会有唯一正确的答案，但一定会激发对其他问题的思考。马尔萨斯的猜想引发的一个重要结果，就是启发了达尔文提出的物种演化论。请注意，严复的翻译并非来自达尔文的原著，他误把"演化"翻译成"进化"，以为物种的变化一定是从简单到复杂，从落后到先进，其实不见得。从猿到人，大脑固然进化了，但身体的很多其他器官却是退化的。严复把"演化论"翻译成"进化论"，一大原因是当时的中国正面临日本和西方列强的侵略，所以强调中国人不要被动接受演化，而是要朝进步的方向去发展。这个自强的愿望是好的，但把科学技术的发展简单理解为进步，是对达尔文演化理论的一个误解。因为科学技术是把"双刃剑"，很多地方看上去是进步，实则会带来更具威胁性的后果。最简单的例子就是发现原子能，它既能够造福人类，也能够摧毁地球。

在经济学方法论上，代谢经济学更接近西方异端经济学的一个分支，叫"演化经济学"。新古典经济学和新制度经济学认为，世界上有一个最优化体系，有一个无论有怎样的生态、地理条件和历史条件，都可以适用于世界各国的普世价值。而演化经济学立场相反，并不承认"最优"和"普世"。在这点上，代谢经济学和以欧洲为主的演化经济学更为接近，对现代主流经济学提出了重大挑战。

新古典经济学有个基本假设，说人生而自私并且贪得无厌，用来强调微观经济学里一个基本规律——价格越低，需求越大。然而，如果参考马尔萨斯的观察，在经济学里引入基本的生态约束，我们就会发现，如果资源有限，人再贪婪也不可能被无限满足，个体、群体的无限贪婪只会导致人类在地球上的迅速消亡，所以新古典经济学的假设不成立。所谓的"价格越低，需求越大"这一规律也不成立，因为生命有限、储存有限，不可能贪得无厌。生存需求还有下限。粮价太高，需求不会降到零，而是起来造反。认为是人类贪婪的欲望推动了经济发展，更是成为新古典经济学最致命的弱点。请问有几个科学家和发明家的探索，只是为了发财，而非探索自然的好奇心？如果基本假设出了问题，后面的推论如何能够成立呢？所谓的供求定律，只在有限范围内成立。如果只依靠供求定律去解决劳动分工的交换和协调问题，哪里还有经济周期和经济危机。这里有人会怀疑，因为教科书里讲的实在有道理。那么我告诉大家，在数学上，这些道理只是非常片面的、直线式的道理。要知道天底下我们走的所有路都是弯曲的，没有直线，因为地球不是平的，有河谷高山，有丘陵沼泽，但如果将走的路取任何一小段，你都可以把它看为一条比较直的线段。新古典经济学唯一的好处就是可以看到很小一段的变化，看起来好像有个简单的供求规律，然而一旦站到更高处扩宽视野再看，都是无法成立的。

所有生物，包括人，都是要适应自然环境的，但是自然解决不了所有生物的生存问题。生存竞争异常激烈，市场经济也解决不了所有人的就业问题，所以才会有竞争和淘汰。竞争和淘汰也不简单，中国启蒙运动家想象的是优胜劣汰，但实际上达尔文讲的是"最适者生存"，因为很多被淘汰出局的也很可能是非常优秀的发明家和创业家，但他们要么运气不好，要么条件不够，最后失败了，所以留下来的不一定就是最优秀的。我们身边最简单的例子，就是微软的操作系统。比起苹果或者IBM（国际商业机器公司），微软的操作系统落后得多，但因为占据市场较早，做大后反而把先进的操作系统排挤出去了。这也是我最开始和大家介绍的亚当·斯密贡献的核心——分工受市场规模限制。美中贸易战竞争的就是市场规模,有了市场规模才有定价权,而不是简单的竞争贸易顺差、逆差或者利润。分工之所以受市场规模限制,是因为地球的资源是有限的。当然这里说的资源是多变量的函数,譬如说最早的是土地资源,西方国家可以人均几百亩(1亩=0.0667公顷),中国春秋战国时期人均就只有十几二十亩,后来每况愈下,现在连一亩地都不足了,有些地方甚至只有几分地。所以还得开辟其他资源,譬如煤、石油、核能和太阳能,但每种资源也都有限,不同资源的开发方式、成本和社会效益也会相互竞争,就有了新陈代谢的竞争过程。所以,要理解代谢经济学的生命力,就是要理解,现在西方无节制的超前消费造成的生态危机,不是单靠市场交换就能解决的,而是要协调不同利益集团之间的矛盾,在社会体制和技术上做根本的改变。这是第一点。

第二点,讲了生态资源对市场经济发展的约束以后,立刻就可以回答一个现在争论最大的问题——什么是自由?美国《独立宣言》写着"人生而自由",其实最早只是用来为美洲的殖民活动站台。当时英国在跟法国打仗,如果放任清教徒殖民者在北美掠夺土地,则可能引发与印第安人的战争,大英帝国当然没有能力同时应付两方面。然而,英国北美殖民当局约束北美殖民者的政策,引起了英国移民的清教徒的反叛，喊出了"人生而自由"这句蛊惑人心的口号。所以，英国殖民者企图不受约束地侵占原住地，这才是美国独立战争的真正缘由。

天下有没有不受节制的自由？如果承认地球资源有限，你马上就会知道，每个物种、每个个体、每个族群，它的自由或者说生存空间一定是有限的。每每我们讲到自由，都需要问一个问题：这个自由是对谁的自由？是鼓励强者去掠夺的自由，还是鼓励弱者去团结、去反抗的自由？如此我们立刻就能察觉世界的不对等。所以在不同的历史条件下，对不同的社区和族群而言，在竞争中所处的地位不同，它们的自由度也绝对不一样。不存在无限制的自由，也不存在没有节制的自由。

希腊、罗马的文化和中国文化不一样，前者是鼓励个人不受节制地扩张产权的文化。在希腊神话中，因为害怕子女抢夺权力，主神克洛诺斯将自己新生的孩子甚至是怀孕的妻子一并吞掉，只有众神之王宙斯幸免。这样一种扩张性的文化，实际上是海盗文化。因为希腊资源贫乏，除了出海打鱼和贸易，很重要的生存方式就是当海盗去抢劫。实际上，现代资本主义也不起源于英国，而是起源于北欧的海盗。兄弟之间互相残杀的故事则盛行于游牧民族，因为沙漠地带资源更少，只有强者才能生存。所以我讲，西方社会——包括海盗和沙漠游牧民族——是强者取代弱者的文化。这种文化和中国小农经济的农民文化完全两样，小农经济最重要的经验是团结，只有团结起来才能修筑水利工程、抵御天灾和外敌入侵，无论打虎还是打仗，都是亲兄弟、父子兵齐上阵。而且农业社会是长子继承制，因为老大年长，生产经验丰富，故而长幼有序。生存环境不同，连道德都不一样。中国在贸易谈判上吃亏，全因为中国的小农文化强调和为贵，碰上美国赤裸裸地寻求扩张和霸权，两相对话岂不是对牛弹琴？最后早晚也会逼得中国谈判代表学会老革命家早就教过的事，那就是"针锋相对，寸土必争"。你如果愿意合作，我们就以和为贵；你上来就要赢家通吃，我们也不吝下决心和你打一仗，打平了，打赢了，咱们再来谈停战和平共处的道理，而绝不是说还没打就要退让。所以在不同的生态环境下，生存的方式连同生存的哲学都是不一样的，自由更是相对的、有限的。

有人提出一个命题"科学即自由"，说科学的本质是自由，没有自由就没有科学。这话我认为不对，因为他没有看整个科学发展的历史。科学是劳动分工发展的结果。劳动分工越发展，个人的自由是越小还是越大呢？很多人想当然认为科学越发展，人的自由度越大，譬如以前只能走路，现在还可以搭车乘飞机。我的回答恰恰相反，你固然可以搭车乘飞机，但要是汽车没人造、飞机没人开，你就哪儿也去不了。我到乡下就发现，乡下的农民比城里人自由，可以随地大小便，因为田野里到处都是生态循环，植物和动物都可以把人释放出来的废物当成养料吸收再循环。一旦进了城，所有问题都来了，开车有交通灯，走路有人行道，走错道、停错地还得缴罚款。像我是做核聚变、氢弹的和平利用的，实验越做风险越大，平时家里的电流一个安培不到，那等离子体物理实验放一次电都百万安培以上，我稍不留神整个实验室都会爆炸，哪里有自由？英文在这方面的表达比中文严格，英文中学科叫 discipline，就是纪律，在西方发表学术文章，每个细节都会被审稿人严格审查。所以科学越发展，劳动分工越发展，个体受到的约束就越大，每个个体的自由度就越小，才有了教育时间延长和教育成本越来越高的问题。

虽然我强调"科学即自由"是没做过科学的人的想当然，但我也承认其中有合理的成分。因为如果将劳动分工的发展看作整个人类的成果，那人类活动的自由度的确越来越大，不仅能征服陆地、征服海洋，还能探索太空。在这个过程中，即使是领导人、科学家，任何一个单独的个体的知识都是有限的，所以科学越发展，越不存在独裁的问题，这也是合理的地方。现在西方动不动就把中国描写成专制社会、独裁社会，中国如此复杂，多种经济混合，既要鼓励竞争还得不出大问题，不鼓励地区合作，想搞小农经济下的封建专制，何以可能？看看中国地方政府和企业创新的速度规模远超西方，就可以判断，西方垄断资本的市场专制，远超中国传统的地区封锁。指责中国专制不可能理解中国发展创新的史无前例。所以我讲亚当·斯密的《国富论》连标题都错了，连他自己最后都承认财富是权势，所以哪里有什么国富，不过是幻象。实际上劳动分工越发展，经济发展会越不平衡，人类的协作会成为越来越重要和困难的问题。如果我们将来要写一本书取代亚当·斯密，核心的问题不是国富，而是"国协"，"协"就是协作。在中国社会主义制度下的混合经济、协商民主，这个协调的过程，比西方私有经济保护私有产权下各种利益集团的对立制衡要有效得多。

所以在这点上，我说人类的活动最大的限制就是生态环境的资源约束。技术的更新换代和进步的测量标准，能够启动新资源的利用，降低旧资源的消耗和破坏程度，拓展人类发展的空间。在人类社会的发展过程中，劳动分工越发展，学科划分越精细，个人的自由越小，所以需要的教育周期越长，成本也越高。世界各个区域的发展并不平衡，在规模竞争下，"看不见的手"不可能自动维持贸易平衡。在现有的科学技术的能力,尤其是核武器的能力之下,人类改善社会的能力和毁灭地球的能力同样巨大,所以劳动分工真正重要的问题在于如何协调,单靠市场和政府指令都不行,还要包括社会协作。中国经济的发展模式,创造了经济学上的一个成就,不是国富,而是国家/组织的合作,包括三维市场经济各个层次之间的协作与各个经济组织和各个国家区域之间的协作。中国特色的社会主义经济在这方面做出了创造性的贡献,这些贡献也是其他国家、其他文明可以学习的。

代谢经济学的定位

【导读】

　　真正的社会生产力的发展，基础在于科学技术的进步。原因是人类的经济活动要受地球资源环境的约束，包括资源的多样性，加上每种资源可以开发利用的规模，同时还取决于这个系统的相对稳定性。这个道理比较简单，但是可以在讨论西方问题、当代问题和中国问题的时候，为大家提供一个全新的视角。

　　新古典经济学本质上是消费经济学。一方面假设资源无限，另一方面从需求关系出发，试图用消费带动经济增长的角度来解释一切经济现象，认为经济是否发展取决于个人微观层面的激励机制。比如给人界定产权，提供物质刺激，人们渴望消费就会努力工作，"看不见的手"就会把一切问题都解决掉。从这个角度来讲，新古典经济学实际上根本就没有讨论生产问题，也就是说并没有讨论供给侧的物资从哪里来的问题。

20世纪80年代在西方曾经有过一个供给学派（Supply-side Economics）风行一时。虽说是供给学派，其实并没有讨论供给，也没有讨论生产方面的经济学规律。它只有一个主张，就是减税可以刺激投资，刺激投资了就可以增加供给，但它并没有想资本往哪儿投的问题。资本可以投到虚拟经济，也可以投到夕阳产业，怎么可能减税就能自动增加供给呢？所以从严格意义上来讲，西方没有真正的供给学派，而代谢经济学一开始就承认了地球的资源有限，所有人类活动都要受环境资源的约束，所以代谢经济学是真正的供给侧经济学。用马克思经济学语言更确切地说，我们是生产力经济学，因为我们明确提出，增加社会物资的生产和供给，最关键的动力是科学技术的进步，而不只是新古典经济学强调的人口、资源和资本三要素。

代谢经济学一开始讨论的实际上就不是供求关系，而是科学技术的进步怎样拓展了现有资源的应用以及怎样发现新资源。在这个意义上，我们和经济学里另外两个学派的思想非常接近，就是生态经济学（Ecological Economics）和演化经济学，我们把它们整合在一起，叫作"生态演化经济学"。为什么呢？因为目前西方的生态经济学和新古典的本质一样，还是静态考虑环境的约束，演化经济学则更多地从制度演化的角度看待经济的发展，而我们认为生态本身就是一个演化过程，生态的演化又对制度的演化起到最基本的约束和推动作用。现有的马克思经济学虽然提出了生产力和生产关系的框架，但主要精力放在研究生产关系上，所以在批判资本主义的时候很有力量，但在解决社会主义发展中国家发展问题的时候就觉得不够用了。所以代谢经济学实际上是首次系统地发展了生产力经济学，填补了这个空白。

明白了代谢经济学在经济学里的定位，就可以很容易发现代谢经济学和主流经济学的差异在哪些地方。

首先我们不同意现在常讲的刺激政策，也就是"拉动消费"。从代谢经济学的角度来讲，整个社会能否发展，实际上取决于科学技术的水平和能够开发多少资源。单纯地拉动消费，只是在经济周期内，比如在经济下行的时候，用一些再分配的手段刺激消费，平滑一下经济波动的幅度，但不能打开新的局面。如果拉动消费能成为经济增长的动力，那古时候开赌场、开妓院、开餐馆，岂不是都能促进生产力的发展？这显然是不可能的。所以，最近几十年在西方大行其道的消费主义，鼓吹消费是拉动经济的主要动力，其实是掩盖了资本主义发展的矛盾，也在很大程度上误导了经济管理者。

我认为这次贸易战给了我们非常好的教训，让人们认识到经济真正要发展的方向，是要投资科学技术以打开资源的新局面，这样才有机会让社会的发展水平上升到新高度。学西方拉动消费、搞虚拟经济等，实际上都只是在已有的生产力发展条件下，如何使用、消耗或者重新分配资源，但完全不能从质的方面和量的方面提升整个社会生产力发展的程度。仅在这一条，代谢经济学就和传统经济学有很大区别。

其次，代谢经济学独立且重新发现了斯密定理。我们发现亚当·斯密真正核心的贡献不是什么"看不见的手"，而是发现了分工受市场规模的限制。但从今天的情形及新的科学技术的角度来看，他的理解还不够全面。于是我们提出了"一般斯密原理"。我们发现劳动分工实际上受三重限制：

第一重限制就是市场规模，而这个市场规模又取决于自然资源的规模，也就是自然资源的承载力。同时，现代生态学的研究又发现生物的多样性也很重要，所以不单是资源的规模，资源的种类也会影响劳动分工。关于规模限制，我们需要了解的是，新古典经济学强调理性，实际上只能讨论规模报酬递减或者不变的情形，回避了科学技术革命最重要的影响，就是真正的科学技术的发展实际上是规模报酬递增的，因为规模报酬是非均衡的。关于生物和资源的多样性，也就是资源种类的约束，我们有个提法叫作"范围经济"，这个范围的英文是 scope，也可以叫作"品种经济"。每开发一个新品种，就意味着打开了一个新资源。中国的农民以前习惯了开发土地资源，精耕细作，后来发现还可以开发水资源，水塘可以养鱼，海里可以捕鱼，后来海里也能搞养殖，养鱼、海藻或者其他新的东西，所以生物的多样性是当代科学一个非常重要的成果。我们过去有好些农业经济学家，片面崇拜美国的大农业，认为效率高，有规模效应，所以主张国内土地私有化或者允许土地大规模流转，把土地集中到少数能人手里搞美国模式的大农场。这次打贸易战大家就会发现，美国的大农场恰恰最经受不起国际秩序的波动。中国是美国大豆和玉米最大的客户，中国一旦停止采购美国的大豆或者玉米，美国的大农场就会风险剧增，就可能处于亏损甚至破产的状态。我们也有类似的教训，想要提高生产效率搞规模种植，结果销路成了问题，白菜卖不出去，大蒜卖不出去，有时候甚至连猪肉也卖不出去。所以片面强调规模而不注重多样性，这是美国农业模式的重大弊病，中国不能重犯。尤其是中国多山少地，山地可以种果树、种药材，还可以休闲养生，发展多种经营才是中国未来发展的制胜法宝。

最后，就是劳动分工还受环境涨落幅度的限制。一个系统本来很发达，发展很好，但遭遇了天灾、战争或者社会动荡等环境涨落，如果涨落幅度过大，对经济这么复杂的生态系统来说，会是非常严重的打击。我们有一个重大的发现，这也是复杂系统科学研究的结果，就是系统越复杂，可以利用的资源越多，系统的稳定性反而越小。所以，足够强度的动荡一旦发生，异常复杂的劳动分工网络就会瓦解成若干块相对简单的系统。在生物学上有一个例子，大家都知道低等生物的再生能力很强，把蚯蚓砍成两段，两段都能活，而对于比较高等的动物，如果拦腰一砍，它肯定就不可能再生了。

为什么我对中国有信心？有一条理由，就是根据复杂科学，也是从我们研究的一般斯密原理里得出的。因为美国社会实在太复杂，尤其是它们的法制系统鼓励打官司，使生产关系、人与人的关系异常复杂，致使无论是进行结构性调整还是适应新技术的发展都非常难，对冲击的承受能力也更低。从这个角度来说，认为美国股票市场处在高峰就有把握逼中国屈服投降，我认为是打错了算盘。为什么？中国的面积和美国差不多，但地形远比美国复杂，区域自治组织的程度远比美国高，国内市场区域竞争的程度也远超美国，而美国经济几乎被跨国公司整个垄断，这样的经济系统经受打击的脆弱程度远远高于中国。所以，如果我们理解了复杂经济学的规律——越复杂的系统稳定性越低，就能够理解当年主张自力更生的意义。每个省都要有人民战争的预备能力，每个省都能够生产基本的生活品、工业品和军需品，这样就不怕帝国主义的侵略。这样一种系统，在改革开放时代又变成了全世界最有竞争力的一种混合经济。中国在转型期间，到现在还继续保持着双轨制，事实上不止双轨，是多轨，正是这样的制度，非常有利于在发展不平衡、科学技术迅速进步的环境下，同时兼顾发展的速度和稳定性，这也是西方资本主义社会到目前为止没有解决的问题。所以从代谢经济学来讲，中国社会主义的特色，在于它是一个能够同时发挥规模经济优势、范围经济优势，还能兼顾系统稳定性的混合经济。[3]

代谢经济学的观察起点

【导读】

在分析论的基础上，我们可以引进整体论，在方法论上整合不同层次的经济学的分析和观察。代谢经济学实际上是一个中观经济学，从中观的角度来看经济发展和讨论金融危机。美国芝加哥学派所谓的微观基础论，宣称宏观经济产生的经济危机和大萧条不是中观层次产业结构的失调引起的，而是微观层次的工人自愿地嫌工资太低不愿工作，或中小企业看淡市场自动关门；认为政府扩大开支创造就业不会有效果。即使危机期间政府也应当无所作为，听任市场"看不见的手"自生复苏。这是芝加哥卢卡斯学派对市场经济讳疾忌医，反对政府用财政政策或货币政策干预市场，成为过去 30 年西方新自由主义的理论基础。即使经济危机时也反对凯恩斯的宏观经济的干预政策。中国读者可以回忆一下 2008 年金融危机时，中国政府动用 4 万亿人民币进行基础建设，特别是投资高铁来拉动经济，究竟有无效果？国内自由派经济学家高调反对凯恩斯经济学的历史，能否对比危机期间中美经济的表现，看一下究竟哪派经济学更能接受历史的考验？

大家都知道，马克思经济学观察的基点是整个人类社会，从生产关系来讲就是原始公社、奴隶社会、封建社会……新古典经济学恰恰相反，是把个人作为观察的起点，所以它号称是"方法论的个人主义"。但你会发现，从个人到社会跨度非常大，尤其是一旦进入社会主义阶段，就要面对发展中国家如何发展经济的问题，如果照抄西方经济学只讨论个人，以为界定好产权，把土地分给农民，农民就能自动把经济发展起来，显然不行的。中国共产党领导人一开始就明白，面对巨大的自然障碍，基本设施又不足，小农作为个人是非常微弱的。

代谢经济学观察和分析的基点和前两者不同，是从产业出发。从这个角度来讲，它和苏联经济学原有的一个分支思路比较接近，叫"技术经济学"（Technical Economics）或者"部门经济学"（Sector Economics），实际上就是通过分析各产业部门（电力、交通、国防）来规划经济如何发展。但苏联时代的技术经济学或者部门经济学，在方法论上也是静态的，他们没有看到科学技术的进步会改变产业部门的布局和组织方式。代谢经济学观察的单位，既不是个人，也不是整个社会，而是观察劳动分工里的组织，而这些组织里最重要，和科学技术发展关系最密切的，就是产业。

研究科技革命史我们就发现，工业革命最早是从工作机[4]开始的，纺织机大大提高了纺纱织布的速度。一旦工作机进步了，能源的问题就跟着出现了。如果能源不革命，原来的人力或者风力是远远不够的，所以才有了蒸汽机的发明，后来又发明了电力、内燃机……而能源革命又加快了工作机的革命。这样一来大家就发现，能源和工作机的结合，极大拓展了市场的规模，运输和通信就成了随之而来的新问题。考虑如何能够把不同地域的劳动分工协调起来，才有了铁路的修建、航海航空技术的改进，甚至宇航技术的发展。远距离交通的发展又使控制成了问题，进而逼迫通信也发展起来，从最开始的电报、电话，到后来的无线电、电视，到现在出现互联网通信，一直到使用卫星通信。每个进步都改变了人类经济活动的手段，扩展了人类活动的空间，所以代谢经济学把产业作为观察的基点。

我们借用生态动力学的物种竞争方程来描写，发现每个产业的发展都呈S形曲线。在起飞阶段，产业规模报酬递增，成熟以后曲线拉平，变成规模报酬不变，碰到新的竞争者，又会衰落至规模报酬递减，所以它是一个动态的规模报酬演化的过程。从这个角度去观察一个产业里面的大中小企业如何竞争、组织和相互关系如何变化，就有了基本规律可循。新古典经济学把所有的企业全当成和个人一样的原子状态的粒子，除了指出它是私有或是公有，讲讲产值规模的大中小，其余根本不对产业进行任何归类，就想当然地得出荒谬的结论，认为世界的发展趋同，各个产业的利润率趋同，世界会自动保持稳定。事实上，只要对现实稍加观察就知道，世界根本不存在趋同，任何西方国家的商学院和各个机构市场调查收集的数据都说明，不仅各产业之间的利润率有极大差别，同一产业在不同发展阶段利润率也有相当大的变化。有时候经济下行，非常重要的原因就是决策中以为所有产业利润率都一样，为了防范金融风险"一刀切"，结果治理虚拟经济的投机活动的效果不怎么好，反而对有重要意义的核心产业产生了非常大的打击。遗憾的是，很多统计局数据并不包括各个产业的平均利润率，难以看到产业不同阶段利润率的差异与变化，所以我们的分析只能借用美国商学院的数据库。在这点上，我认为中国的经济研究应该大力改进。

在这里提一个方法论的问题。大家知道，在经济学的不同领域，数学模型是互相对立的，如宏观经济学的增长理论，画出来的是理想的指数型增长曲线。计划经济的观点其实也是这样的，如果能够保证每年增长3%或者5%，就会有一个似乎会无限向上增长的指数函数，再取个对数就变成了直线，那么增长率就是恒定的。所以不要以为市场经济和计划经济有很大差别，如果看西方经济学，他们对风险的测量其实和计划经济是一样的，因为他们讲资产的估值、折旧率的计算都只有一个前提，就是假设资产增值的速度不变，也就是一个指数增长的模式，这样才能计算风险或者评估资产价值。但如果面对的是非均衡发展的市场，西方经济学现有的评价宏观经济和金融市场的数学方法都有很大的局限。如果了解西方经济学，就会发现他们并没有清晰的思路，仅仅看他们处理计量经济学的数据就知道，他们假设所有的经济运动全是随机的噪声驱动，没有任何规律，但是供求关系画出来的曲线又是非常简单的两条直线的交叉，他们的方法论在思路上是互相矛盾的。

那么作为物理学家怎么来看经济问题呢？我们在1984年分析经济混沌的时候，一开始就发现观察经济的问题实际上是选择坐标系、参照系的问题。此话怎讲？大家都知道，物理学里有几个不同的分支，最开始发现大自然有简单规律的是牛顿力学。牛顿力学观察的是大范围的时间、空间，主要就是观察行星运动。因为行星离地球很远，再大的行星在地球上看起来也就是一个点，所以观察行星运动就是要去描写一个点的轨道，这在数学上是非常容易的，那是决定论的轨道。所以牛顿力学三个定律的发现有一个前提，就是观察的是离人类观察者很远的行星运动，无论是月亮、木星还是火星都只是一个点，描写这个点需要的就仅仅是它的坐标和质量。牛顿力学之所以这么成功，跟它观察的对象不无关系。如果牛顿力学的发展，不是从观察天文开始，而是从观察地面开始，就会碰到亚里士多德讲的问题，就是一松手石头就会垂直往下掉，那为什么天上的星星不仅不掉下来还会做圆周运动呢？我们马上就会发现地上的运动和天上的运动是矛盾的。而牛顿了不起的地方，就是做了一个统一的理论，他发现地球上的运动和天体的运动都服从一个规律——万有引力，而万有引力的决定只需要一个变量，就是这两个质量之间的距离，如果引力跟距离的平方成反比，那么它的运动轨道就是可以预测的。同样的道理，如果我们现在不考虑具体的结构问题，把美国经济、中国经济、德国经济当成一个整体去观察，然后构造一些整体的指标比如 GDP 的总量，那你就会发现，指标的轨迹简单到可以用一个决定论的方程去描写，而绝不可能在几年里大幅度波动，变成随机游走。这就是为什么我们在研究经济混沌的时候，可以用非线性的决定论方程去描写整体经济运动的原因，因为我们观察的对象是代表整个宏观经济的指数指标，当然我们观察的指数指标要比 GDP 复杂，如观察整个股票市场运动就用标准普尔指数或者道琼斯指数，在短时间的范围里面它看起来波动很大，但要是看四五年移动时间窗口的平均值，就会发现它的轨道相对来说相当光滑，方程是可以用数学来描写的。

那么反过来，如果物理学家去观察漂浮在液体上的花粉的运动，那就非常随机了。爱因斯坦发现用布朗运动可以间接推算分子的大小，实际上看的是非常小的运动对象，一颗花粉比一粒沙尘还小，和月亮、地球、行星一比，那质量就差了不知道有多少。当人把视野从宏观宇宙的角度缩小到比人还小的运动的角度，你就会发现运动过程是随机的。从这个角度来讲，如果你研究的是个体的微观的行为，自然就会发现随机过程理论更容易解释你观察到的数据。比如现在有大量的营销数据，观察单个人的消费行为你会发现，微观的、个人的消费行为变化非常大。但现在的电商要管理数以千计、万计的商品，还用新古典非常简单的供给需求曲线去解释定价，那肯定不灵的，他们完全可以用多变量的优化的办法，计算在一个具体问题里，如何及时调整商品的定价能够使效益提高。

物理学的经验给了我们一个非常重要的启示，就是选择哪种数学工具取决于观察怎样的变量。代谢经济学要研究科学技术是生产力发展的动力，那它重要的观察对象就是产业，这与产业政策问题直接相关。新古典经济学是没有办法讨论产业政策的，它们认为只要有个人主义就行。但是我们观察到国际竞争、大国兴衰的核心问题就在产业政策，包括苏联怎么崛起，后来怎么解体，在很大程度上都是跟产业政策出了问题有关。片面追求企业的利润、追求保值增值、拉动消费，这些都不重要，重要的是要抓住核心技术的研发，进而带动其他产业。从这个角度来讲，代谢经济学真正填补了传统经济学两个框架中间的一个空白，即填补了微观个人和宏观国家这一整体之间最重要的中观（meso）。我们发现，中国也好，西方也好，竞争最激烈的是产业结构，是金融和基础设施。要理解中国的发展经验和西方危机的根源，代谢经济学给出了观察各国经济动向的新视角，最重要的事就是要看它的中观，尤其是它的产业结构和产业政策。如果按照西方经济学的办法，从微观的基础论去研究，或者片面地讲宏观的财政和货币政策，都无法接触到问题的实质。

代谢经济学填补了经济学的一部分空白，实际上也更改了经济学分析框架的结构，在原来古典经济学纯粹的微观经济学的框架和凯恩斯从战时经济的角度建立的宏观经济学框架之间，填补了一个中观经济学，把目前西方经济学的"微观－宏观"的二层次经济学理论，发展为"微观－中观－宏观"的三层次经济学理论。微观是个体消费者和中小企业，中观是金融和产业结构，宏观是政府。《黄帝内经》给人体治病的理念，和国家治国的理念类似，如心（和大脑）是"君主之官"，肺是"相傅之官"，肝是"将军之官"，脾胃是"仓廪之官"。西方的三权分立，如果从中医的整体论来看，那就是各器官互相冲突，人体功能瘫痪。中医的人体系统论比西方经济学的还原论要合理得多。微观－宏观的二层次理论，等于把现代经济描写为一袋土豆。土豆之间没有关联。铁路就是中观的网络结构。西方经济学只能描写农村集市，不能理解大工业的网络和组织。

后记

后疫情时期金融世界大改组

新冠疫情首先冲击了美国霸权的哪一方面？大家可能听说美国有艘"罗斯福号"航母因船员感染停止作业，但美国的战略轰炸机部队和导弹部队都还在，所以美国仍然保持着军事霸权。这次受冲击最大而且会立马就显示其功能和脆弱的，我认为要数美国的金融。

美国出台了 2.2 万亿美元的救助计划，美联储主席鲍威尔没有历届主席的腰杆儿硬，被时任总统特朗普痛骂一顿就慌了神，马上降息到零。搞不清的人看见股票大跌，以为计划出台后经济又会弹回去，但 2 万亿后面还得跟一个 2 万亿，4 万亿美元救市连三个月都顶不住，后面再发个 10 万亿、20 万亿都不意外。美元信用还能维持吗？大家都知道不可能，但因为欧元不行了，日元也不行了，只有美元霸权还在，所以仍旧回来抢美元。

不少人问我一个问题，如果人民币要加速国际化，即使不能取代美元，那有办法分散美元的强权吗？我的回答是当然有。不少人呼吁中国发人民币或者人民币国债，加强世界的流动性以救急，认为这样既可以防止中小企业大面积倒闭，也可以防止大批失业工人没饭吃，但这不能防止投机资本借央行注入的流动性来投机。在这个意义上，我再次警告大家，美国是玩流动性、玩投机的老手，咱们没有吃过那些苦头，水平差远了。以为可以学美国的办法来玩金融，你是一定要输的。

现今世界动荡，各国都在量化宽松印钞票，这些钞票将来都会贬值，看看美元和黄金的比价就知道，当年 35 美元 / 盎司，现在快往 2000 美元 / 盎司去了。所以别以为资产能保值增值，恰恰相反，美国国债买得越多风险越大，美国要赖账就能直接冻结你的资产，现在不是已经在威胁要追责、要冻结中国手上上万亿美元国债的资产了吗？这是美国在摧毁自己的信用。全世界真正有钱的国家，尤其是主权基金，对是否还要跟进买入美国国债都会更加谨慎。如果美国和欧洲的信用垮了，美元和欧元都会有问题，黄金都不会值钱，最后就会回到小米加步枪的实物交易时代，战时经济都是这样子。

那怎么办？我先不把话说细，只提一个方向，就是要看清天下大势。谁贸易顺差最多？谁外汇最多？谁储蓄最多？很简单，答案就是工业制造业大国，即东亚和东北亚的中国、日本、韩国以及新加坡。这些国家和地区承接了美欧的新兴产业，其转化新技术进入投资生产的速度和规模反而超过过度投机的美国和欧洲，以致保持了持续的贸易顺差。这些国家贸易出超，它们缺什么？它们缺的是物质资源、能源和矿产。那么谁手里掌握着物质资源、能源和矿产？是非洲国家和俄罗斯。而今欧美发达国家操纵汇率，全球能源矿产丰富的国家很多时候是被欧美发达国家欺负和剥削的。美元一升值，产生美元债务危机的往往都是资源输出型国家。现在美联储要跟世界各国达成"FIMA回购便利"（FIMA Repo Facility）协议，用各国手上持有的美国国债份额交换低息美元，用来还美元债务。如果这个协议达成，不仅会强化美国信用和美元霸权，而且会让美国更无所约束地印钞票和向外转嫁危机。美联储打的旗号就是提供流动性，各国为了流动性把美债换成美元，就更被套牢在美国的绞刑架上，美国想什么时候收绳子就什么时候收绳子，可以用洪水一样的美元来割韭菜，收购可以和他竞争的国家的蓝筹股核心资产。所以，中国干吗要忙着取代美国无限制的量化宽松为全球金融市场提供流动性呢？

眼下，我建议中国大规模发行人民币国债，或者和其他贸易顺差国合作，联合发行人民币国债或者顺差国国债来取代美国国债，以保持资源输出国家和资源进口国家之间的长期合作，美国的新冷战也就无法继续了。如果某个政府还不起美元债面临破产，即将发生货币危机、金融危机，汇率又要大幅贬值，中国政府就可以委托国开行出面和亟须美元还债的国家谈判，阿根廷也好，伊朗也好，委内瑞拉也好，同他们达成协议借人民币国债去买美元还美元债。谈判筹码是人民币国债比美国国债安全，因为中国不需要控制这些国家，也不可能像美国一样开航母到其附近水域，派海军陆战队占领和颠覆。中国是"分享经济"（Share Economy），危机时候抱团取暖，不会像西方国家那样趁火打劫。巴西和阿根廷的资源、矿山都在本国境内，所以任何时候都可以拿资产做抵押来开发。只有一条，不能引进西方跨国公司来管理，因为引进的结果，往往都是西方跨国公司赚大头，当地国家的公司赚小头，利润几近只够养活工人，资源命脉就被牢牢控制。中国要做的就是跟这些国家签一个期权，哪天这些国家还不起债了，就委托中方的债权所有者去寻找中国国有或者民营的矿产公司来接管管理，培训技术工人，投资新技术，等赚钱以后，这些国家再赎回股份。中国只要走出第一步，人民币国际化发展的空间就会非常大，不需要资本账户开放，不需要代替美国提供流动性，让投机资本剪羊毛，冲垮自己的实体经济。这种冤大头，美国愿意做让美国做。

注释

前言 学"火箭科学",打金融攻坚战

1 Foley, Duncan K. Adam's Fallacy: *A Guide to Economic Theology*, Harvard University Press (2008).
2 Hendry, David F. Econometrics: *Alchemy or Science?* 2nd ed. Oxford University Press, Oxford (2001).
3 我于2014年6月受戴维·亨德瑞教授的邀请,在牛津大学经济新思维研究所就此主题做了讲演。2020年11月,我受邀参与牛津和欧盟合作的气候问题研究,作为国际顾问委员会的一员推进复杂经济学的国际合作,与各国学者一起推动政府积极干预气候问题,并提出政策建议。

01. 金融的本质

1 陈平著,《经济周期理论的弗里希模型之谜：均衡经济学和永动机模型》,政治经济学报 [J], 2015 年第 1 期。另外, 陈平的英文论文收在文集 *Economic Complexity and Equilibrium Illusion: Essays on Market Instability and Macro Vitality*〔London: Routledge (2010)〕中, 第 6 章给出了股市色混沌的数学证明, 第 12 章揭露了弗里希模型的本质和荒谬历史。

2 见"宏观涨落的微观基础和概率论的基本规律：大数原理和理性预期下的套利行为"一文。此文收录在陈平著,《文明分岔、经济混沌和演化经济动力学》, 第 3 章, 北京大学出版社, 2004 年版。

3 Ping Chen, "From an Efficient Market to a Viable Market: New Thinking on Reforming the International Financial Market", In R. Garnaut, L. Song and W.T.Woo eds. *China's New Place in a World in Crisis: Economic, Geopolitical and the Environmental Dimensions*, Chapter3, pp.33-58, Australian National University E-Press and The Brookings Institution Press, Canberra, July 14, (2009). Also in Ping Chen, *Economic Complexity*

  and Equilibrium Illusion: Essays on Market Instability and Macro Vitality, Chapter 16, London: Routledge (2010).

4 M.Friedman, "The Case for Flexible Exchange Rates" in M.Friedman, *Essays in Positive Economics,* University of Chicago Press, Chicago (1953).

5 Harry M.Markowitz, "Portfolio Selection". *The Journal of Finance* 7 (1): 77–91（1952).

6 Tang, Yinan, Ping Chen, "Transition Probability, Dynamic Regimes, and the Critical Point of Financial Crisis," *Physica A*, 430, 11-20 (2015).

7 详见陈平所写"模仿，学习和交流：集体行为中的中庸性和两极性模式"一文。收入陈平著《文明分岔、经济混沌和演化经济动力学》，第2章，北京大学出版社，2004年版。

8 见唐毅南、陈平，"群体动力学与金融危机的预测"一文，载于《经济研究》2010年第6期，第53—65页。

9 陈平，"宏观经济动力学和劳动分工的生物学框架：持续经济周期、裂变，与经济稳定性与复杂性之间的消长"（2005），收入陈平《文明分岔、经济混沌和演化经济动力学》，第3章，北京大学出版社，2004年版。

10　Shiller, R. J. *Market Volatility*, MIT Press, MA: Cambridge (1989).

11　史正富,《超常增长》, 上海人民出版社, 2013 年版。

12　指《中共中央国务院关于构建更加完善的要素市场化配置体制机制的意见》。

13　很多人迷信美国教育, 不知道美国的基础教育有多差。美国的学校把学生当消费者, 老师当成替消费者服务的商业销售员, 所以美国学生成绩一塌糊涂, 英文不认识、数学解不出来。原因是老师不能批评学生。一批评, 家长告到学校, 老师就面临被炒鱿鱼的风险。所以美国一大批中学生, 名义上是毕业了, 其实读写都有问题, 数字计算更是离开计算器就没办法进行。美国有个流行的笑话, 说"为什么我数学不好? 因为 I'm not Chinese（我不是中国人）"。他们完全不强调中国人数学好是新中国教育改革的结果, 这个教育不是面向精英, 而是从工农兵开始普及。中国原来很多解放军战士连字都不识, 参军就从识字开始, 后来还有去苏联留学的。

14　详见《经济周期理论的弗里希模型之谜: 均衡经济学和永动机模型》, 政治经济学报 [J], 2015 年第 1 期。

02. 破解美国金融霸权之谜

1 指"宏观涨落的微观基础和概率论的基本规律：大数原理和理性预期下的套利行为"一文，收入陈平《文明分岔、经济混沌和演化经济动力学》一书第3、6章，北京大学出版社，2004年版。

2 研究这个问题的领域，苏联叫产业经济学，中国社会科学研究院有工业经济研究所，西方微观经济学的领域叫产业组织学（Industrial Organization），如：Belleflamme, Paul. And Martin Peitz. *Industrial Organization: Markets and Strategies*, 2nd Ed. Cambridge University Press, Cambridge (2015)。

3 数据源于美国商务部。

4 最典型的例子是风能，还有像电动汽车、高铁，也包括法国的开隧道的盾构机……所有这些西方领先的技术，中国引进以后改进，扩大规模，反过来都把原创国家打败了。

5 因为我在索罗斯的新经济思维基金会做顾问，也会审查部分科研项目，所以接触过一批俄罗斯经济学家。他们学了理论物理，以为可以拿基本粒子理论来讨论金融市场，但完全缺乏金融市场的常识，实践中大败亏输。

6 数据源自美国政府的"国家数据网"。
7 20世纪70年代中期以来美国经常账户的持续逆差和80年代中期以来金融账户的持续逆差。

03. 以史为鉴

1 真正的差别是美国私企高管的收入比国企高管高得多,以及技术政策是否考虑社会效果和国家利益。
2 数据来源于"税收政策中心网"。
3 雅尔塔体系比《雅尔塔协定》瓜分世界范围更广泛,不仅是远东,还包括巴尔干半岛。
4 东德经济的整体状态原本是不错的,问题在于供不应求,以至于普通东德百姓要在订货后排差不多十年的队,才能到手一辆东德产的小汽车。
5 索罗斯抛售借来的英镑,打得英格兰银行承认失败,退出和德国马克的联系汇率。

04. 中国金融怎么改

1 Tang, Yinan, Ping Chen, "Time Varying Moments, Regime Switch, and Crisis Warning: The Birth-Death Process with

Changing Transition Probability," *Physica A,* 404, 56-64 (2014).

2 詹姆斯·里卡兹,《货币战争》,上海译文出版社,2018年版。

3 陈平,"新古典经济学在中国转型实验中的作用有限",载于《经济研究》,2006年10月。

4 Arrighi, Giovanni, *The Long Twentieth Century, Money, Power, and the Origin of Our Times*, Verso, New York (2010).

5 因为农民工创造价值,但是没有能力买房,居住条件很差。如果按企业交所得税或者工人交所得税,负担都到了所得税上,缺口又都到了社会保障的黑洞里,这不合理。因为企业会压低工资,减少用人,政府增加赤字,最终社保会破产。所以西方国家劳动力的流动,到底去东部还是到西部和南部找就业,其实都取决于和当地经济发展相关联的房地产税征收的规模和税率。

05. 高收入的假象和小康社会的潜能

1 走向社会主义的第一条道路,是马克思指出的武装革命之路。第二条道路是恩格斯组织的第二国际。现在西方打出社会民主党旗号的,实际上都是继承了第二国际的道路。第三条道路具体是什么呢?比如西方相信资本主义是万能的,强调产权理论,但我们看到技术更新越来越快、产权保护越来越困难,就出现了计算机软件的开源系统等大量以爱好或社会使命团结起来的社群组织,它们不是以盈利为目标,这些都成为走向社会主义的第三条道路存在的明证。

2 范围经济（Scope Economy）和规模经济（Scale Economy）互补。规模经济是单一品种的大规模生产,有成本优势,但是破坏生物多样性,一旦有病虫害,就得大规模使用农药化肥,对人类生存造成威胁。规模经济一旦生产过剩,卖不出去,就会血本无归,造成经济危机。范围经济是多品种小规模生产,可以创造更多就业,丰富生产的品种选择,遇到灾害,可以风险对冲,东方不亮西方亮,有利于生态平衡。

3 这"昙花"持续的时间,在英国持续了200年,在美国持续到100年就很勉强了。

4 在技术新陈代谢的时代,很多富豪在财富三代就败了。新一代美国青年已经不愿买房了,因为工作机会变动太快,房产成为转型的包袱,危机时更会成为地方政府征收房产税的对象,更难生存。

5 农业规模经济更严重的后果是破坏生物多样性，造成抗生素失效，人和动物交叉感染，导致生物战的风险不断增加。

6 这份报告当时是由世界银行和中国国务院发展研究中心合作完成的，对中国经济决策产生了相当大的影响。报告里面提出一个理论，叫"中等收入陷阱"，说中国应该努力向高收入社会前进。这高收入社会怎么实现呢？就是要借鉴美国和西欧的一整套社会制度，包括私有化、福利社会，怎么从低消费过渡到高消费，当然还特别强调城市化等。笔者认为，这个提法是没有坚实理论依据的。

06. 金融信息的扭曲和 GDP 测量的问题

1 美国共和党占优势的州。主要分部在美国中部和南部，产业以农牧业为主。

2 J.Bolt & J.L.vanZanden, The Maddison Project, MP Working Paper WP-15, Oct. 2020.

3 如果对比美国的中小城市，生活与社会成本比大城市低得多，富人区和贫民区的差距也更小。据我观察，美国中小城市的生活费大约是中国类似区域的 5 倍，大城市会高到 10 倍。

4 美国公立中小学的老师不能批评学生，先进研究型大学和自由主义的人文学院差距极大，富人无须刻苦读书，捐款就可以上名校。所以美国各大科技公司都是白人当高管，雇中国人做硬件，印度人做软件。理工科教授三分之一以上是外国移民。

5 如此比较是基于相似政治阶段的考虑。美国南北战争类似中国内战。新中国 70 年类似美国内战后的 76 年。

附."代谢经济学"启蒙

1 马克思曾经提倡过的无产阶级革命，列宁把它实现了，变成武装起义，到后面甚至出现中国可以用游击战争来打败更强大的统治阶级，这就是阶级斗争和武装斗争的道路。

2 英国人口学家和政治经济学家，著作有《人口原理》《政治经济学定义》等。

3 对有志于自学成才的网友和学生，可以从下列渠道查询进一步深造的资料：

（1）原始英文论文，可在 www.complexeconomics.org 上查询。

（2）中文论文和评论，可在《观察者》网的陈平专栏（www.guancha.cn/chenping1）上查询。

（3）北大讲课资料，可在 scholar.pku.edu.cn/pingchen/home 上查询。

（4）科学网博客，http://blog.sciencenet.cn/home.php?mod=space&uid=3382190。

4 对于机械设备来说，通过消耗机械能而使流体获得能量或者使系统形成真空的动力设备称作"工作机"，如离心泵、真空泵、螺杆泵、风机等。